なないろごはん

植物料理研究家 **YOSHIVEGGIE**
（ヨシベジ）

芸術新聞社

目次

ようこそ！ 植物料理の世界へ	10
豊かな暮らしに「植物料理」	12
食べられる植物　EDIBLE PLANTS	13
COLUMN 1　ベジタリアンかノンベジタリアンか	14

植物料理を美味しくする5つの曼荼羅(ひみつ) …… 17

季節を料理しよう！ …… 18
〜多様性と調和をお皿の上に描く

季節 SEASONS …… 19
春・夏・秋・冬、そして土用

	旬を食す	20
春	せりごはんとつくしの踊り喰い	22
	長葱と冬越しじゃがいものポタージュ	24
夏	夏野菜！ わんさか揚げ浸し	26
	シンプリシティ バジルのスパゲティ	28
秋	里山憧憬	30
	アケビのフリットと車麩の照焼き	32
冬	冬ごもりベジプレート	34
	ごちそうをお重に詰めこんで	36
COLUMN 2　味覚は野で育つ		38

6

五穀 GRAINS 40
実りに感謝、命のつぶ

米　私のカラダの素だから 41

豆　心強きメインサポーター 44

COLUMN 3　豆が開いたベジの扉 48

麦とお粉の多様な世界 50

雑穀　スーパーフード 52

五味 TASTE 54
いい加減で、いい塩梅に

塩 55

旨み 56

万つゆつくろう 57

ついついサラダを食べ過ぎてしまうドレッシング 58

五色 COLOR 60
五色が整うとき、栄養も整う

お皿を彩る必殺技 61

それでもやっぱり、茶色は美味しい！ 62

五感 FEEL 64
レシピじゃないの、感じるの

COLUMN 4　野菜がメインディッシュ 66

スパイスの極意！ 70

カレー粉とガラムマサラ 72

豆乳チャイのマイルドフルな時間 74

魔女ティ 76

COLUMN 5　ヘルシージャンクフード 78

7

いいかげんを極める植物料理5つの心得 81

料理はコミュニケーション！ ……………………………………………… 82
〜台所は5つのエネルギーが交わるところ

水 WATER ………………………………………………………………… 83
今、ここにある一期一会

COLUMN 6　パリッと元気なサラダが食べたい！ ……………………… 84

　　切る ……………………………………………………………………… 86

金 METAL ………………………………………………………………… 88
惚れた道具を相棒にする

　　私が愛する道具たち ………………………………………………… 90

　　慈しみのつかみ ……………………………………………………… 91

火 FIRE …………………………………………………………………… 92
火加減は恋愛だ

　　ゆっくり育む愛〜焦がさないための予熱 ……………………… 92

　　見守る愛〜素材の旨みを凝縮させる炒め方 ………………… 93

　　密室の愛〜蒸し焼きと蒸し煮 …………………………………… 94

　　身を焦がすような愛〜グリル×蒸し焼き ……………………… 96

　　熱しやすく冷めやすい愛〜茹でる …………………………… 97

　　熱々の蒸気愛〜蒸す ……………………………………………… 98

　　サクッと天ぷらを揚げる〜卵がいなくても ………………… 100

土 EARTH ·········· 102
発酵と熟成の魔法

　まいにち菌活 ·········· 102
　菊芋、ヤーコンはオリゴ糖の宝庫 ·········· 103
　ぬか床を耕す ·········· 104
　国境なき麹（糀）菌 ·········· 106
　味噌を作ろう！ ·········· 110

COLUMN 7　プロヴァンスの味噌づくり ·········· 112

木 WOOD ·········· 114
捨てないで！ そこまで食べる？ 食べられる！

COLUMN 8　香る黄金ベジブロス ·········· 116

　　Recipe 覚書き ·········· 128
　　料理索引 ·········· 155
　　あとがき ·········· 158

美味しくて
体が喜び
五感が喜び
大地が喜び
地球とのつながりを思い出す
そんな料理をお皿の上に

ようこそ！
植物料理の
世界へ

ベジタリアン──。
仏教やヒンズー教などの信仰上や健康上の理由から、
古くからあった食事法です。
インドで話を聞いてみると、
生まれてこのかた肉も魚も卵も食べたことがない、
という人は珍しくありません。
日本ではマクロビオティックという穀物菜食・養生食の教えが生まれ、
世界中に広まりました。
ベジタリアンの食事は
「ベジ、菜食、精進、ヴィーガン」などとも呼ばれます。
厳密には、卵や乳製品を食べる食べない、
魚は食べるけど肉は食べない、など
ベジタリアンの中でもスタイルは様々です。
この植物性中心の料理を、
私は想いを込めて「植物料理」と呼んでいます。
そしてそれがこの本のテーマです。

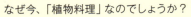

なぜ今、「植物料理」なのでしょうか？
一つは、健康にいいだけでなく、動物にもやさしいこと。
おまけに生態系にもサステナブル（オーガニックの場合）であること。
また、植物の力だけで作る料理は、ベジタリアンであってもなくても、
誰もが一緒に食卓を囲んで楽しめる、バリアフリーなお料理であること。
そして1番の理由は「植物」という視点を持って「食」を眺めてみると、
大きな発見があるからです。

豊かな暮らしに「植物料理」

食べられる植物（エディブル植物）にはどんなものがあるか考えたとき、
私たちは実に様々な植物を食べていることがわかります。
季節の野菜や野草、米に麦に豆、海藻、スパイスにハーブ、
木の実やフルーツ。ほとんどの調味料も植物からできています。
きのこも植物的な存在です。毎日飲んでいるお茶やコーヒー、お酒まで！
つまり肉、魚介類とその加工品、乳製品や卵以外は、
みんなみんな植物からできているのです。
このように、季節ごと、地域ごとでも多種多様な植物の豊かさには、
メインディッシュを担うお肉やお魚も遠く及びません。
"野菜嫌い"という人もしっかり植物のお世話になっているんですね。
この仕事をしていると「野菜ばっかりだと物足りなくて」
という声をよく耳にします。大丈夫、物足ります！
　物足りないとしたら、お料理の中で植物のポテンシャルが
まだまだ引き出しきれていないからなのかもしれません。
植物はとにかく表現力豊か。
メインディッシュも脇役も、立派に務めてくれます。
私が「植物の動物化」と呼んでいる、
お肉のような力強い味わいと食べ応えのある料理にもなります。
植物の個性を知れば、難しいことはありません。
その魅力を深く知るほど、仲良くなるほどに、
レパートリーは無限に広がります。

この本は、20年以上に渡る植物料理研究の中で私が学び発見し、
紡いできた料理の方法や考え方をまとめたものです。
実際に経営してきたカフェで提供した料理や、
教えてきた料理のリアルをモレスキンノートに描きとめた、
料理スケッチとレシピの覚書きが元になっています。
ぜひ植物と仲良くなって、
愛情たっぷりの「植物料理」の世界を、思う存分楽しんでください。

COLUMN 1

ベジタリアンか ノンベジタリアンか ～ 私が菜食主義をやめたわけ

肉や魚を食べるか食べないかという選択肢。現在植物中心とした「雑食」生活をしている私自身、今も考え続けているテーマです。動物の命を奪うことへの後ろめたさのようなものは、関心がある人なら誰しも抱いたことがあるのではないでしょうか。その意味でベジタリアンは気持ちにおいても軽い、理想的な食事だと思います。私もそのような思いから植物中心の生活を送っていました。動物の命をいただかなくても健康的で豊かな食生活が十分にできるとわかっているから。

しかしあるとき、私自身を知るこんな体験がありました。修行先のあるレストランでのことです。オーナーの方針から有機野菜、天然魚、放牧場育ちの動物肉を直接仕入れするこだわりの店。若手のシェフが、「お肉を扱うからには屠畜を経験する必要がある」と言い出したのは自然な成り行きでした。そこで昔ながらの自給自足農業を営むKさんのもとを、店の皆で訪ねました。早速私たちの望みに応え、鴨を用意してくれることになり、ケージへと向かいました。中で遊び回っていたたくさんの鴨の中から、Kさんは2羽を見定めました。逃げ回る鴨と追いかける彼。様子を見守っていた私は、お願いを撤回したくなる気持ちに駆られました。胸が締めつけられ、私はやっぱりこの先ベジタリアンを貫きたい、と思いました。ついに鴨は捕まり、精一杯の力でバタつきますが、K

さんも全身で覆い被さるようにして押さえつけます。足を縄で縛
りつけ、木に吊るしました。今私は、体験のために自らこの元気
な命を奪おうとしている。その事実に目眩がするのを堪えなが
ら、Kさんを手伝いました。吊るされた鴨は、全身の力で抵抗した
後、一瞬観念したかのようにおとなしくなりました。その瞬間でし
た、私の中から声が聞こえたのです。「おいしそう……」え？ と耳
を疑いました。まだお肉にもなっていない鴨を目の前に「おいし
そう」と思った自分に唖然としました。そして同じ瞬間、Kさんは
鴨の首に手際よくナイフを入れていました。鴨と、Kさんと、私は、
シンクロナイズしていました。農場で一次処理をしたあと、店に持
ち帰り、羽毛を抜く作業です。匂いと、抜いても抜いても終わら
ない大量の羽に、1羽の鴨の圧倒的な存在感をかみしめながら。
思い返せば「かわいそう」から「おいしそう」に変わった瞬間、そ
れは私のなかで鴨という生きものがお肉という食べものに変身し
た瞬間でした。逃げ回る鴨を見て、今ここで生涯ベジタリアンを
誓いたい！ と思ったのに、次の瞬間に「おいしそう」の感覚も持
ち合わせている私。「ああ、私は雑食性なんだ！」清い理想は自ら
の内なる声によって打ち砕かれたわけです。と同時に、何かふっ
きれたことも確かです。もはや聞こえてしまった本音。フタをした
ところで違和感にはフタができません。鴨はスタッフ全員で丁寧
に美味しくいただきました。この経験をして以来、私はお肉が食
べたいと思ったら、にわか狩猟民族の血が濃くなったかのように、
思いきり嬉しくありがたく積極的にいただいて、私の命の中に歓
迎します。
今も私の問いかけは続きます。ベジかノンベジかという選択肢は
ともかく、生きるために命をいただいていることは忘れないでい
たいものです。

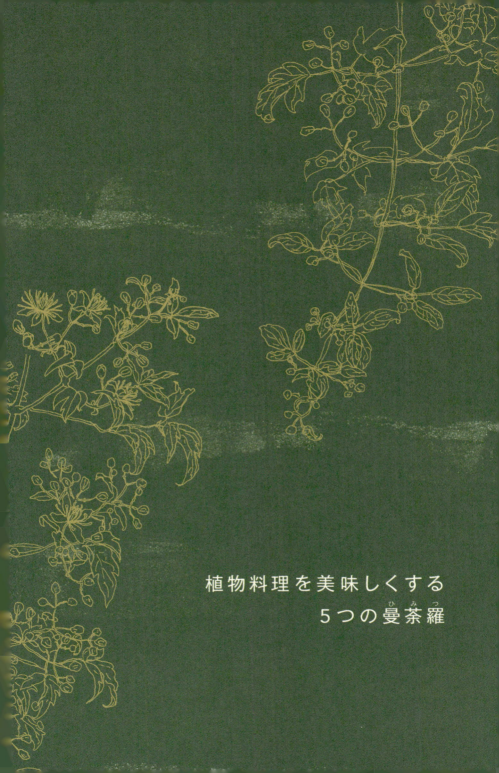

植物料理を美味しくする
5つの曼荼羅(ひみつ)

植物料理を美味しくする
５つの曼荼羅(ひみつ)

… 季節を料理しよう！

私の料理のお手本は、自然界における森羅万象。
多種多様に混沌としているようで、
一つとして無駄や不要なものがなく、
それぞれが引き立て補い合って調和している生態系。
私はそれを植物料理の曼荼羅にして、
メニュー作りの座標軸にしています。
今日はどんなお料理にしようかな。
植物料理の５つの曼荼羅(ひみつ)が、自ずと教えてくれるのです。

―― 多様性と調和をお皿の上に描く ――

季節　旬を食べて、体と自然のリズムが同期する
五穀　命の素、穀物と豆を使いこなして
五味　５つの味がハーモニーを描いて、味覚が目覚める
五色　彩りあふれる自然界をお皿の上に映し出す
五感　感覚すべてで味わう料理

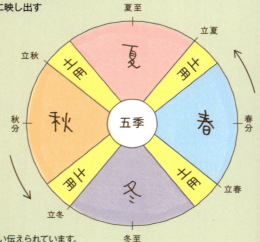

１年は春・夏・秋・冬・土用の
「五季」で巡っている ――。
季節の変わり目とされる「土用」は
年に４回（約18日間）訪れます。
この時期には体の養生を意識して、
シンプルな食べ方をするとよいと言い伝えられています。

SEASONS
季節
春・夏・秋・冬、そして土用
旬を食べて、体と自然のリズムが同期する

今が旬！ 今やこのことをすっかり忘れてしまうくらいに、外食すれば季節感のない規格料理、スーパーに行けば全国各地、世界各地から届いた年中同じ顔の野菜が並びます。まずはとりもどしましょう、季節の感覚を。明治以前まで使われていた月と太陽の暦「太陰太陽暦」(旧暦)をご存知ですか。

月の満ち欠けのサイクル、そして地球が太陽の周りを公転する巡りを元にした「二十四節気」「七十二候」「雑節」。直線的な時間の経過ではない、"巡り"の感覚が見えてきます。たとえば、1月7日に七草粥の材料を野に探しに行っても、凍てつく畦に草さえも生えていません。旧暦の1月7日 (2月半ば頃) ならば、少しゆるんだ地面では"なずな"も"はこべ"もひょっこり顔を出しています。七夕の夜に彦星さまと織姫さまが出会えますように、と祈っても雨に見舞われてしまうことが多いですが、旧暦の七夕 (8月上旬頃) であればお天気も安定し、出会える確率も高まって、ホッとひと安心です。

今、どんな野菜や野草が盛りで、周りには何の花が咲いていますか？ 巡りを意識して"自分の歳時記"をつくってみましょう。"バイオリズム"といいますが、寄せては返す波と同じく、天体のリズムが体にも流れています。だから体調や気分にも変化があるのは自然なことです。それも記してみましょう。食べたものと体と天体との関係性も見えてきて、一石二鳥です。見返すと、大きなサイクルの中で、日々の暮らしが見えてくることと思います。

夏野菜！わんさか揚げ浸し

元気の源！賑やかエナジー、たっぷり揚げて

夏

青ジソ＆しょうがジュリエンヌ "千切りのこと"

オクラ 茄子 かぼちゃ ズッキーニ じゅうろくささげ etc

ピーマンとささげは破裂しないように、ピケ(竹串で穴)する。オクラは色よく茹でたものを。(素揚げしない)

夏野菜の揚げ浸し

小ぶりなピーマン プリっプリ

じゅうろくささげ

大根間引き菜の炒め煮のヘンプ和え

五穀豊穣ミニバーグのトマトソース

じゃがいものシソジェノベーゼ

大豆ゴロゴロ高きびツブツブ

マルット蒸し焼き

秋

里山憧憬

実りをいただく。
しみじみ、
滋味に立ちかえる

小豆玄米ごはん

しおこうじパプリカ

手作り塩糀と
小さく切ったパプリカを
和えたら
またひとつ
良きトッピンググッズ
増えた♡

南瓜のきのこ葛あん
Simmered Pumpkin with Mushroom Kudzu Sauce

蒟蒻の唐揚
konjak frit

こんにゃくは手でちぎったら
断面がザラザラして味しみ良い。
花椒と八角の風味

Shoyu / Mirin / Sake

そうめんかぼちゃとじゃがい
ガーリックSoyマヨ
Spaghetti squash + Potato with Soy Aïoli

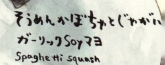

厚揚と間引き人参葉の塩糀味噌

人参の葉は枝からしごいて
やわらかいところだけ使う。

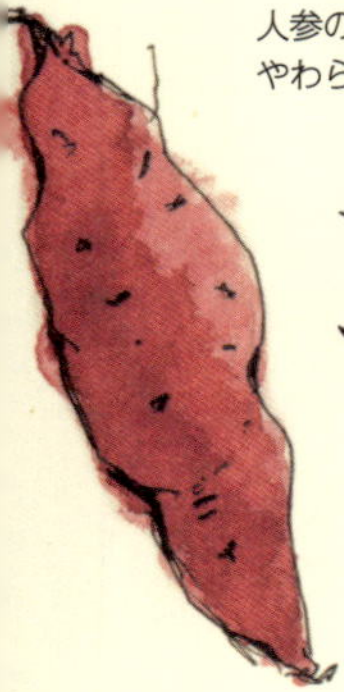

蒸し焼きにしたさつま芋

全部これで料理したい
くらい、本当に野菜が
美味しくなる。
ずっしり迫力の鍋。

MALUTTO

赤ピーマンのコンフィ バジルの穂の香り

赤色が鮮やか！
赤ピーマンは皮が少し焦げる
くらいにしんなり焼く。

じゅうろくささげと カウピー入りの玄米ごはん

玄米にひと握りの豆を入れて、
圧力鍋炊き。

高きびローフ、人参のソース

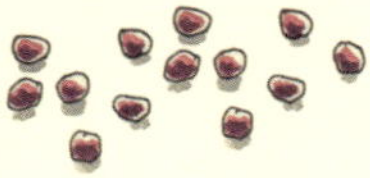

クルミと落花生も
隠れてる。

冬ごもりベジプレート

大好きなものを散りばめて

冬

焼ききのこと長葱の和風マリネ

オーブンで焼いてからマリネにすると
味が濃くなって美味しい。

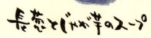

自家菜園の枝豆とドライトマトのおからSOYマヨ

長葱とじゃが芋のスープ

その日にある
野菜で作るスープ。
長ネギは青いところも
白いところも小口切りに。

秋に収穫して冷凍しておいた枝豆。
ミニトマトは夏のうちに
セミドライにしてオイル漬け。
生おからはSOYマヨと
和えるだけで
ふんわりサラダに。

かぼちゃのグリル

カレー風味にして、
スキレットでじっくり蒸し焼き。

紫タマネギのマリネ

ローストした
コリアンダーシードが
心地いい、色鮮やかな箸休め。

ご自由にどうぞ

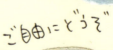

青山椒と切干
大根の佃煮　シソの実味噌

ごちそうを
お重に詰めこんで

去りゆく季節と始まりゆく季節——。
そんな狭間のにぎやかごはん

冬

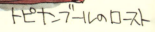

菊芋、男爵、シャドークイーンに
オリーブ油、塩、コショウをまぶしたあと、
オーブン焼きに。

ふろふき大根
塩糀ネギ味噌で

ネギ味噌

ビンに入れて

緑豆モヤシ
軽く蒸し煮して、
しょうゆとごま油で和える

ブロッコリの葉

大根の皮と
人参のきんぴら

ごぼう
長ネギ

もちきびTOFU
クリームキッシュ

"グルテンフリー & ノンシュガー"

鍋焼き
スイートポテト

おまけ

吉野杉の箸が入っていた
木箱を利用

wax paper

人参シリシリの塩柚子風味

人参はシリシリした後、
ゆず汁で軽く味付け。
塩ゆずの塩気を活かして。

マッシュルームスライス

マレット蒸しのサイコロ
赤カブ・じゃが・人参

蒸したキャベツの葉

赤カブとじゃが芋の
SOYマヨサラダ

蒸し煮ブロッコリ

37

COLUMN 2

味覚は野で育つ

私は長崎の田舎で生まれ育ちました。家の目の前には田んぼや畑が広がり、その先には海に続く大きな川、父が山の土地を手に入れて開墾を始めてからは、週末ごとに山に連れ出されました。重機でやぶを切り開いたところで、石ころを拾い、灌木や草の根を掘り出すのが、子ども時代の週末のアクティビティでした。父は戦後のひもじかった体験から、またいつ来るともしれない食料危機に備えられるように、といつも話していました。経済成長期のことです。そんなことを考える人は周りに誰もいませんでしたが、自身の感覚で開墾を始めたわけです。飢えを知らない私には、食料危機なんていわれるとなんだかサバイバルゲームみたいで、むしろ刺激的な概念でした。ときには山菜採りに勤しみ、みんなでお弁当やバーベキューをした後は、手を草のアクで真っ黒にして下ごしらえを手伝いました。家に帰って、その日の食卓に並んだワラビやタラの芽は、ほろ苦いけど、自分の手柄だと思うと、なんだか美味しいと思えるのでした。地味だけど、私のイマジネーションの中では、その食卓は山のいのちをいただく、色鮮やかなお祭りでした。この故郷の原風景で私の五感は鍛えられ、野性的に育っていきました。草萌えの頃になると、家の近くの土手に草を摘みに行ったものです。

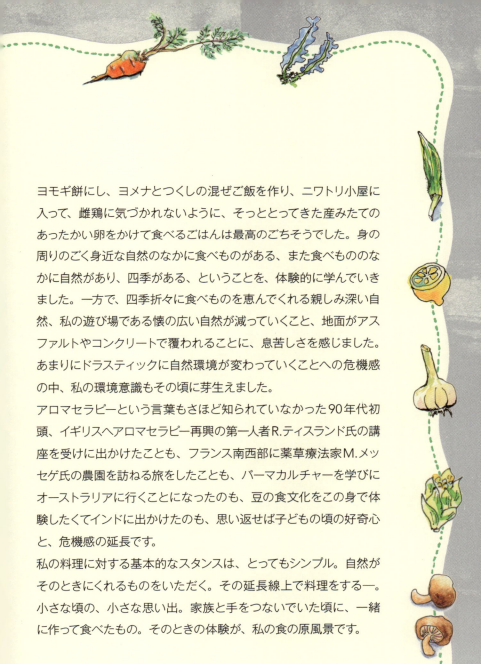

ヨモギ餅にし、ヨメナとつくしの混ぜご飯を作り、ニワトリ小屋に入って、雌鶏に気づかれないように、そっととってきた産みたてのあったかい卵をかけて食べるごはんは最高のごちそうでした。身の周りのごく身近な自然のなかに食べものがある、また食べもののなかに自然があり、四季がある、ということを、体験的に学んでいきました。一方で、四季折々に食べものを恵んでくれる親しみ深い自然、私の遊び場である懐の広い自然が減っていくこと、地面がアスファルトやコンクリートで覆われることに、息苦しさを感じました。あまりにドラスティックに自然環境が変わっていくことへの危機感の中、私の環境意識もその頃に芽生えました。

アロマセラピーという言葉もさほど知られていなかった90年代初頭、イギリスへアロマセラピー再興の第一人者R.ティスランド氏の講座を受けに出かけたことも、フランス南西部に薬草療法家M.メッセゲ氏の農園を訪ねる旅をしたことも、パーマカルチャーを学びにオーストラリアに行くことになったのも、豆の食文化をこの身で体験したくてインドに出かけたのも、思い返せば子どもの頃の好奇心と、危機感の延長です。

私の料理に対する基本的なスタンスは、とってもシンプル。自然がそのときにくれるものをいただく。その延長線上で料理をする—。小さな頃の、小さな思い出。家族と手をつないでいた頃に、一緒に作って食べたもの。そのときの体験が、私の食の原風景です。

GRAINS
五穀

実りに感謝、命のつぶ
穀物と豆を使いこなして

「五穀」とは穀物や豆を指します。米・麦・大豆や小豆などの豆類、粟・稗(ひえ)・キビ・アマランサスなどの雑穀類、トウモロコシ・ソバなど粒状の実。炭水化物が多いので、世界中で主食となるものです。穀物・豆でハンバーグやミートローフなどのメインディッシュを作ることも。歯ごたえもあって、さすが主食格、満足感があるのです。また、付け合わせとしての使い方もできるので、ごはんやパンのように主食以外にも一つか二つ、五穀入りメニューを加えてみるとテーブルが華やぎます。スープに一緒に入れたり、サラダのトッピングなど、気軽に使えます。

米 私のカラダの素だから

「ごはんさえ炊いてあれば」という安心感。ごはんが余ったら、
別なお料理へどんどん変身させましょう。

まあるく包んだおむすび

*具だくさんの
お味噌汁*

ニッポンのソウルフード「おむすび」

おむすびは、いつでもどこでもお腹を満たせるファーストフードであり、ニッポンのソウルフード。大地の実りであるお米、海の結晶である塩、一日一粒食べればお医者いらずといわれる梅や、海の滋養である海苔との結合。おむすびをむすぶとき、だれもが優しい気持になる。元気がないとき、疲れたとき、だれかが握ってくれたおむすびに、私は何度も助けられました。

*土鍋・厚手の鍋で
ごはんを炊く*

美味しいご飯の炊き方 〜たまにはお鍋でモチモチごはん

厚手の鍋

1 洗って 30 分（または一晩）、1.2 倍の
   水に浸水。
2 海のミネラル（にがりまたは粒塩）を
   少々加える。
3 強火にして吹きこぼれそうになった
   ら、弱火にして 15 分炊く。
4 火を止めて、10 分ほど蒸らす。

圧力鍋　洗ってすぐ炊ける！

1 1.2 倍の水に、海のミネラル（にがりま
   たは粒塩）を少々加える。
2 すぐに強火にかけ、シューっと蒸気が
   上がって 1〜2 分、圧がかかったら火を
   止めて、10 分ほど蒸らす。

   ＊玄米ご飯の場合は圧がかかったら弱火に
   して 25 分炊く。

ライスでいろいろ♪

マッシュルーム
玄米豆乳リゾット

プチプチ食感の玄米ごはんが
野菜の旨みを吸って、リッチテイスト。
お冷ご飯でOK！

米粉の鍋焼き
ブルーベリーケーキ

米粉で焼いたケーキは
しっとりふわふわ。
グルテンフリーなのも嬉しい。
冷めて固くなったら、
オーブンや蒸し器で温め直すと
ふっくら美味しさがよみがえる。

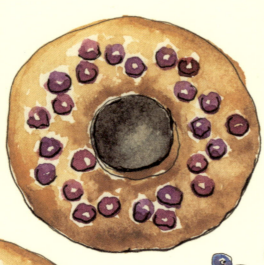

Blueberry

こんにゃくミンチと大豆もやしの炊き込みごはん

一見その存在に気がつかないこんにゃくが
いい仕事してる。
大豆もやしは風味も歯触りも別格！

クコの実

山椒

ライスサラダ

ごはんは少しあたたかいくらいが
混ぜたときに味がなじんで
美味しい。

ごはん
好きな豆
好きなナッツ
梅肉または
レモンピクルス
トマト
青ジソまたは
好きなハーブ
オリーブ油
レモン
塩コショウ

43

豆 心強きメインサポーター

豆類は、穀物に足りない栄養素を補ってくれるため、世界中の食文化で米、麦、トウモロコシなどの主食穀物と一緒に栽培され、また食卓にのぼります。
お肉の代わりに豆を毎日食べると、コレステロールを下げ、とりわけ心臓によいといわれます。ベジタリアンでなくても毎日気軽に取り入れていたい、心強い健康の味方です。

Beans Beans are good for your heart
The more you eat, the more you fart
The more you fart, the better you feel
So let's have beans at every meal

お豆 お豆はカラダにいい
たくさん食べればオナラがブー
オナラが出ると元気になる
だから毎日、お豆を食べよう！

〈こどものうた〉

豆を煮る（大豆やインゲン豆の場合）

豆を洗って3倍くらいの水につけて半日〜1日おく。
2〜3倍の大きさにふくらみ、
豆にシワがなくなって"ぷっくり"と完全にもどったら、
鍋に入れて、かぶるくらいの水を加えて火にかける。
沸騰したらふきこぼれないよう火を弱め、アクをとり、
豆が完全にやわらかくなるまで30分〜1時間煮る。
途中、水が足りなくなったら差し水をする。
冷めるとふたたび固くなるので、
味見のときに指のはらでつぶせるくらいが
ちょうどよい仕上がり。

＊緑豆やささげ、小豆、
レンズ豆など小さめの豆は、
もどさなくても煮えます。
煮える時間も短いです。

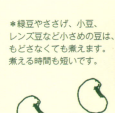

豆を煮る

茹で汁は別にして
スープやカレーに使う

＊豆はいっぺんに2〜3カップ分煮て、
ファスナー袋に平らにして冷凍保存すると
いつでも使えて便利。

大豆

毎日食べている豆といえば大豆。豆腐、お味噌、しょうゆ、納豆へと姿かたちを変えて、私たちの体の一部になる。タンパク質が豊富で、食べ応えがあるのが"畑のお肉"と呼ばれる所以。

ひじきと大豆の五目煮。
さっと炒めて万つゆで味つけ。
- パプリカ
- ピーマン
- たまねぎ
- 人参
- 大豆mix

じゃがいものサラダ
オニオンすりおろしのヴィネグレットで。
- バジル
- 大豆mix
- トマト
- じゃがいも
- パプリカ

鹿児島県霧島市の畑で育った五色の大豆Mix。これを"浸し豆"にしたところから"やめられない止まらない"が始まった。

大豆浸し豆

たまにはコリコリの歯ごたえを味わう大豆料理シリーズ！一晩水で戻して、翌朝軽く茹でる。

玄米団子と大豆キーマのコンソメスープ

オカヒジキとシャキシャキじゃがいものSOYマヨサラダ 黒大豆を散らして

黒大豆は汁を煮詰めて、栄養しっかり閉じ込めて。

野菜と大豆キーマのカレー

茹でた大豆を粗いミンチにして。茹で汁ももちろん使う。

COLUMN 3

豆が開いたベジの扉

　私が「ベジタリアン」という言葉を知ったのは、学生の頃、二十歳前のある日のことでした。ふと「そうだ、インドに行こう」という気持ちが湧いてきました。片田舎の学生の私にとって海外旅行は遠い夢のまた夢。しかし、旅に出たいとの思いが芽生えた途端、夢は現実的な目標に変わりました。短期集中のアルバイトをして必要な分ぎりぎりのお金を貯めました。結局、行き先として選んだのはインドではなく、ニューヨーク州の山の奥深くにある、スピリチュアルでインドムードがあふれる、ヨガアシュラム（道場）。生まれて初めての海外一人旅。しかもいきなりディープな世界。ピースフルな生き方を求める人たちが、人種・宗教を問わず世界中からこのアシュラムに集まり、ヨガや瞑想、そして音楽に浸っていました。深い雪に包まれ、凛として静かな空気が流れる森の中のアシュラムは、存在そのものが神秘的です。私はそこで3日間の瞑想のコースに参加しました。プログラムは一日何時間もの瞑想、そしてそれ以外の時間も一人で過ごし、誰とも口をききません。日常でなかなか得られない、心の静寂を体験するつもりでした。ところがここに来てからというもの、食堂に美しく並ぶベジタリアン料理に、私の魂は丸ごと奪われていました。それは瞑想よりも、ヨガよりもパワフルなものでした。だって、なんてカラフル

な豆料理の数々！　カレーにスープ、豆のサラダ。当時馴染みの豆料理といえば、甘く炊いた金時豆や小豆あん、お惣菜の大豆煮くらいでしたから、愛らしい形のひよこ豆や、平たいオレンジ色のレンズ豆のお料理が並んでいるのを見るのは新鮮でした。それらはネットもなかった当時、本で読んで想像をふくらませていた憧れの豆でした。そして、なによりも野菜の色、かたち！　多国籍なお料理の数々。巻き寿司や蕎麦といった和食も、ここでみるとカラフルでおしゃれに見えてきます。さすがここはアメリカ！　大豆たんぱくや豆腐を使ったホットドッグやハンバーガー、こってりクリームとミックスベリーのケーキ、ナッツたっぷりのタルト、サイズはどれもアメリカン。だけどすべてベジタリアン！　野菜だけで、こんなにも豊かなごちそうができるなんて！　こころの静寂はやってくるどころか、頭の中は、短い滞在中にさてどれとどれを食べよう！と作戦会議のぺちゃくちゃおしゃべり。私のスピリットは、瞑想中にもカフェテリアのほうにふわりふわりと飛んでいってしまうのでした。アシュラムのピースフルな空気が流れる中、これがベジタリアンの威力にひれ伏した最初の体験でした。

それから数年後、今度は本当にインドに行きました。インドに行きたいがゆえに、とあるプログラムで「世界の豆文化～インド編～」という企画を書き、スポンサーシップをいただいての旅。豆をとにかくよく食べる国、菜食が普及している国インドに、いよいよ単身、向かいました。インド人の家庭にホームステイをしながら料理を教わったり、大学の豆の農場を見学したり、慣れない食事で入院したり……。

かくして、豆の神様に導かれて、私の食をめぐる旅ははじまり、現在に続きます。

麦とお粉の多様な世界

中山間地域では、今も人が集まるときにはコシのあるうどんや蕎麦を打ち振る舞う習わしがあり、小麦を使った郷土料理も豊かです。私がよく滞在するインドでも、"全粒粉アタ"をこねて薄くのばして焼いた"ロティ"で、毎食カレーを食べます。お菓子、パンなどのベーキング、うどん、パスタといった麺類、フライや天ぷらなどの揚げ物、しょうゆ、そして加工食品の隅々にまで、小麦の存在力は大。自家栽培した麦を脱穀し、ふすまと分けられて白いお粉が完成したときの喜びは、ひとしおです。

一方、グルテンアレルギー等への影響から小麦抜きの選択をする人も増えています。麦は麦でも、ライ麦や古代小麦、オート麦などグルテンが出にくく、特徴も様々な麦があります。他にも米粉や雑穀粉など、風味豊かないろんなお粉のチョイスがあります。小麦ほどのつなぎ力がないものが多いので、小麦粉とブレンドしながら慣れていくとよいと思います。

はったい粉は煎った大麦の粉。お湯で練ってすぐに食べられるおやつ。

Barley 大麦

Kuttu ki Roti
Buckwheat Roti

そば粉 Sarrasin 160g
水 l'eau 360cc
塩 sel ひとつまみ un peu

シリコンバケ

oil
ココナッツ油とか菜種油とか。Hemuはもちろん自家製のGheeを使う。

自家製そば粉で作る
スローなファーストフード。
焼き時間は片面3分、
裏返して1分ほど。

そば粉のロティ
ネパール人のHemuが
焼いてくれたロティ。

*植物性のお菓子作りはドライ（粉もの）とウエット（液体系）をそれぞれ混ぜ合わせて焼くからとってもシンプル。木の実やフルーツなどのソリッド（固形）が入ることも。

雑穀 スーパーフード

古事記の穀物起源神話にも登場するアワ・ヒエ・キビをはじめ、他にもある穀物を雑穀（ミレット）といいます。より原種に近いこれら雑穀は、様々な種類が世界各地で主食や大切な栄養源として食べられています。日本でも戦中までは貴重なお米の代わりに、旺盛に育つヒエやアワがたくさん食べられていましたから、その世代の方々からは「もう見たくもない」という声もちらほら。また、小鳥の餌のイメージがある人もいるのでは？！　私は子どもの頃、飼っていた小鳥がツブツブを食べているのがちょっと羨ましかったです。そんな雑穀が、今ではスーパーフードとしてもてはやされる時代になりました。雑穀は料理がしやすい上、プチプチ、モチモチ、いろんな食感が楽しめます。白米に比べてミネラル・食物繊維・ビタミンも豊富です。

大粒の高きびは、この本の中でもひき肉のように見立てて使っています。また、昔から美白美肌に使われてきたハトムギ。小粒でもっちりのアマランサスや、アンデス原産のキヌアも人気です。まずは雑穀ごはん。そして、いろんなお料理に気軽にアレンジしていきましょう。

雑穀ごはん

その日の気分で
好きなの混ぜて
とりあえず雑穀ごはん

プチプチ

むちっと美味しい

長ひじきマリネと
ハト麦のサラダ

チリビーンズのもちきびクリームオーブンベイク

● ふわふわもちきびベシャメル

材料（4人分）
もちきび（やわらかく炊いたもの）　80g
オリーブ油　大さじ1と1/2
ニンニクのすりおろし　1/2かけ分
米粉　50cc
豆乳　200cc
ベジブロスまたは水　100cc
塩　小さじ1/2
コショウ　適宜

作り方
1. 鍋にオリーブ油を温め、ニンニク、米粉を入れて弱火で1〜2分炒る。
2. 水・豆乳を加え、泡立て器を使って撹拌する。だまがなくなったら塩、コショウを加える。
3. やわらかく炊いたもちきびを加えて混ぜる。

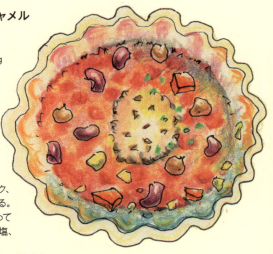

TASTE 五味

いい加減で、いい塩梅に
5つの味がハーモニーを描いて、味覚が目覚める

五味とは、酸味・苦味・甘味・辛味・鹹味（かんみ＝塩辛味）の5つの味覚。この5つの要素が補いあっている食事は、まあるくおさまったハッピーエンドの物語のようになります。

1. 酸味

お酢、酸味のある果物、梅干しなど。
甘いリンゴも酸味がなければ味がボヤッとします。お寿司もあの酸味がないとアンバランス。酸味は味全体を引きしめてさっぱりした口当たりにしてくれます。揚げ物などがあるときには、特に意識して酢の物やレモン・柚子など柑橘果汁を使った一品があると、油っこさを中和してくれます。アルカリ性食品なので、体の疲れをとり、抗酸化作用を発揮します。

2. 甘味

五穀、甘みのある果物や野菜、糖。
甘味の元は砂糖の他にもいろいろあります。私はやさしい甘さをつけたい時、麹菌で発酵したみりんをよく使います。火の入れ方次第で植物の素材そのものから甘味が引き出されるワザも、使いこなしましょう。お米をよーく噛むと甘味がじわじわ生まれてくるのは、でんぷん質が糖に変わっていくから。ゆっくり食べるシチュエーションをつくるのも、甘味を高めるひとつの方法です。

3. 苦味

山菜、野草、ごぼう、ゴーヤなど苦味のある野菜のお料理は食卓に変化をつけてくれます。葉緑素の多い葉野菜、天然塩のにがり成分も苦味を担ってくれます。食後にお茶やコーヒーを飲むとホッとするのは、苦味（そして渋味）を欲しているからなんですね。

4. 辛味

ピリッとした刺激のある食材です。ニンニクやショウガ、ネギなど薬味になる植物、香辛料など。食欲増進、消化促進、毒消作用として働きます。いわゆる味変アイテムです。アクセントとして意識してみて。

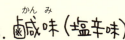

5. 鹹味（塩辛味）

塩、味噌やしょうゆなどの調味料、海藻。
甘さ控えめに炊いた"あんこ"にひとつまみのお塩を加えると、甘味がぱっと引き立つのも、五味のバランスの魔法です。

塩

ひとつまみの魔法

塩はもっとも肝心な、味の決め手。味がなんか決まらないな、と感じるとき、それはお塩ひと振りの違いかもしれません。
じっくりと出来上がった天然のお塩は、塩辛いだけではなく、海のミネラル（にがり）の苦味や甘味、渋味、旨みを含みます。つまりお塩それだけで五味のバランスを整えてくれるので、料理の仕上がりもレベルアップします。だから、つまんで口に入れて美味しい！いいお塩を選びましょう。私は「勝負塩」と呼んでいます。一方、パスタや野菜を茹でるとき、お漬物をつけるときなどは、お手頃な自然海塩で、と使い分けています。

振り塩 〜汗をかかせる

野菜を炒めるときには、振り塩をします。味がうっすらつくかつかないかくらいの少量です。振り塩をして炒めるうちに素材からじわじわと汗が出てきて、その汗が蒸発し、旨味が凝縮していきます。塩効果で早くしんなりするので、火が通るのも早い。素材にしっかりと火が通ったら残りの塩も入れて、味を整えます。逆に、シャキっとした歯応えに仕上げたいときには、塩を加えるのは火が通ってからの方が水分が出ずによいです。

いい加減

おばあちゃんたちは計りも計量スプーンも使わず目分量で、そしてそのときにある材料で、ぴったりと調和のとれた料理をつくります。そして「いつもいい加減よぉ」と笑います。味付けの「加える」「引く」を、自分の味覚感覚で判断しているのです。私たちもおばあちゃんたちに習って、「いい加減」感性を磨いていきたいものです。そのためにも、食品添加物が入っていない本物の調味料を使って、ピュアな舌を育てていきましょう。

いい塩梅

塩のしょっぱさと梅の酸っぱさや甘さのハーモニーをよく言い表しています。甘酸っぱい、甘じょっぱい、ともいうように、美味しさとは、単一で成り立っているものではなく、複合的に醸し出されたものなのです。

旨み

今や多くの加工食品に入っている「うま味」調味料の発想の元は昆布でした。日本の料理が昆布や鰹節から取るお出汁を大事にしてきたのは、「旨み」という"味の奥行き"の存在をとらえていたから。旨みの正体はタンパク質の一種。美味しい！と体が喜ぶのも理にかなっています。そして本物のピュアな調味料や発酵食品は、五味と旨みが溶け合った、複合的な味わいが備わっています。よく醸された味噌なら、野菜から出る出汁だけでも美味しいお味噌汁になるくらいです。

● 甘酢
★ピクルス、甘酢漬け、酢飯がすぐできて重宝

材料
純米酢 ──── 500cc
てんさい糖 ── 150cc
塩 ─────── 大さじ1

作り方
すべて合わせて火にかけ、砂糖と塩が溶けたら火からおろし、冷ます。

● 南蛮酢
★甘めの万能酢。南蛮漬けや揚げ浸しに。

材料
万つゆ ──── 150cc
甘酢 ───── 50cc

作り方
すべて混ぜ合わせる

● 万能酢
★ポン酢のように使えます

材料
万つゆ ──── 150cc
酢 ────── 50cc

作り方
すべて混ぜ合わせる

● 香味酢
★梅酢のクエン酸×ごま油でさっぱりこっくりな調味酢。きゅうりやトマトに合う。ドレッシングとしても。

材料
しょうゆ ─── 50cc
ごま油 ──── 小さじ2
梅酢 ───── 小さじ2

作り方
すべて混ぜ合わせる

● SOYマヨ
豆乳となたね油をミキサーまたはフードプロセッサーにかけ、乳化したら残りの材料を加えて混ぜる。

■ 「万つゆ」とは、しょうゆ・酒・みりん、3つの麹発酵調味料と出汁で作る精進の万能つゆです。ヴィーガン料理のための"めんつゆ"が欲しくて作りました。何にでも使えるので、たっぷり作り置きしておくと便利！ 万つゆがないときは好みでしょうゆのみ、または酒やみりんを組み合わせて応用します。

ついつい
サラダを食べ過ぎてしまう ドレッシング ....

レタス
（ブラウン
サニー
グリーン）

トマト

パクチー

たっぷりの
グリーンサラダ

1はしっこ
豆腐

えごま

いろんな葉の花を
ミックスしたら 楽しくて
きれいで 美味しいサ

Tofu

Various
NABANA

Avocado

Red

Petit Tom

● なんでもないドレッシング

塩 —— 小さじ1
コショウ— 適量
酢 —— 大さじ2
なたね油 — 60cc

● エクスタシードレッシング

ニンニク— 1片（すりおろす）
塩 —— 小さじ1
砂糖 —— 大さじ2
コショウ— 適量
しょうゆ — 大さじ3
酢 —— 20cc
ごま油 — 60cc
なたね油 — 大さじ2

菜の花畑の
においがする

花畑みたいに
黄金色だ！

工房地あぶら謹製
菜たね油

三大香辛料が味の深みの決め手！
● オニオン旨みドレッシング

玉ねぎ	1/2個	(すりおろす)
ニンニク	1片	(すりおろす)
塩	小さじ1	
砂糖	小さじ2	
からし（マスタード）	小さじ1/2	
わさび	小さじ1/2	
コショウ	適量	
しょうゆ	20cc	
梅酢	大さじ1	
バルサミコ酢	大さじ1	
酢	120cc	
なたね油	200cc	

和風酵素サラダBAR

棚にずらりとVEGGIE食材

Salt　pepper

Sunny Lettuce

自家採種で
つないできた
サニーレタス

モリモリと
元気に育って
くれてありがとう。

パセリ
アシェ（みじん切り）

テーブルの上で
自分で味を
つくる

初めてのパリで、
生のマッシュルームサラダ。
ドレッシングはついてなくて、
テーブルの上のオイルや塩、
ヴィネガーで自分の
味付けにするだけなのに
その美味しさに
びっくりした、
懐かしい記憶。

COLOR 五色

五色が整うとき、栄養も整う
彩りあふれる自然界をお皿の上に映し出す

蝶や鳥、昆虫、魚、そして空の色、鉱物。自然界はとってもカラフルで饒舌。植物もまた、たくさんの色で私たちの目を楽しませてくれています。色とりどりのベジ料理は、それだけでもう"食べるカラーセラピー"です。野菜がくれる自然の色を大いに活かしましょう。自然をお皿に映すように、お料理の色合いを組み立ててみましょう。

フードはムード、カラーはエナジー。落ち着く色、元気な色、癒される色、引き締まる色。頭で考えなくて大丈夫、あなたの視覚とフィーリングを喜ばせるつもりで。
カラーが揃うと、栄養のバランスも自然と整います。

お皿の上にお花畑を描こう

お花畑の人参ちらし弁当

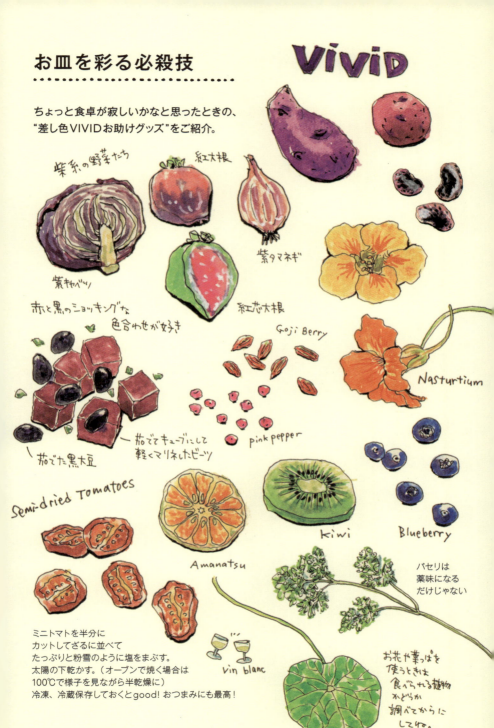

それでもやっぱり、茶色は美味しい！

茶色の汚名返上のために一応いっておきますが、そもそも茶色は、美味しい色です。玄米、ごぼう、全粒パン……、このナチュラルカラーの代表色は、私たちの健康的な肌の色と同じ、どんな色とも相性のいいカラーです。しょうゆや味噌を使うと茶色になるし、よく煮込んだり焼いたりするとやっぱり茶色になっていきます。料理をすれば、色は濃くなっていくもの。陰陽の考え方でいえば、体を温める「陽」の要素が強くなります。食卓の半分が茶色であっても大丈夫。そんなときは鮮やかな器やグラス、テーブルマット、お花などにも手伝って貰いましょう。

FEEL 五感 レシピじゃないの、感じるの
感覚すべてで味わう料理

美味しさを感じるのは、もちろん舌だけではありません。見た目、音、匂い、歯触りや舌触り——、美味しいものは五感に訴えてくるのです。「優しい味がする」思わず顔がほころぶ植物料理。同時に私は"優しさばかり"のお料理にならないように意識します。なぜなら野菜は、受容的な、優しい性質を持っているから。本来、優しい野菜料理を作ることは野菜の得意技。そんな野菜料理を「物足りない」なんていわせないように「植物の動物化」で肉食系ベジのおかずを一品入れたり、対照的な要素を組み合わせることで自ずと料理の表現は多様になり、五感が活性化し、体が喜びます。いい塩梅の分散型メニュー作りは、かくしてあなたの中に自然に備わっている平均感覚を呼び起こすことにもなるのです。

耳をすませば美味しい音 〜口福ジュワぁーを感じてますか？

さあ、テーブルから、どんな擬音語や擬態語が聞こえてきますか？

こんなにたくさん！　まだまだ見つかりそうです！

COLUMN 4

野菜がメインディッシュ
〜 植物でお肉の気持ちを 再現する

「お肉っぽい」という感覚は、ベジタリアンも大好きです。想像してみましょう。お肉を焼いたときの焦げた匂い、その食感は弾力があって噛み応えがあって、どちらも野性本能的な食欲が刺激されます。主成分であるタンパク質のなせる技です。ときどき感じるスジっぽさ、プリッとした歯ごたえ。噛んだときのジュワーっとした口溶け、コラーゲンのゼラチン質や脂身はシズル感をかき立てます。強い旨み、これはアミノ酸ですが、やはりタンパク質の一種で、美味しいと感じるのは体がその栄養素を必要としているから。そしてなにより、お肉にはメインディッシュ的な存在感、ボリューム感があります。私は、お肉がもつ要素やお肉からくる感覚を想像し、その要素を植物の中に見つけてミートローフやハンバーグなど、お肉風の料理へと再現します。これを「植物の動物化」と呼んでいます。このためには「植物の力」を知っていることが大切です。タンパク質が豊富な豆類、中国の精進である普茶料理では、大豆製品を使って食感も見た目も、まるでお肉や魚介類の見事な「もどき料理」を作ります。大豆のタンパク部分だけでひき肉や鶏肉のように見立てた大豆ミートも、その一つです。高きびなどの雑穀はボリューム感や食べ応えを出してくれますし、ムチッ、キュッとした歯ごたえもお肉に見立てます。玄米、挽き割り小麦、粉類を入れると粘りも加わって、ハンバーグのようにつなぎを必要とする料理にはとてもいい役目を果たしてくれます。森のきのこには動物的な香り、筋肉質のある歯ごたえ、そして強烈な旨みをもっています。菌類ってそも

そも、植物でも動物でもない中間的存在。重要な動物化グッズです。ごぼうのような土臭くて筋っぽい固さのある野菜はお肉感に通じます。繊維質が多く噛み応えがあり、濃い色味もポイントです。また、くるみやひまわりの種などのナッツ類を粗く砕いて、歯ごたえのアクセントに。噛むとほんのり脂味も感じて、同時に甘味、そして苦味や渋味が広がります。ニンニク、ショウガ、玉ねぎ、人参、セロリなどの香味野菜、そしてハーブや香辛料は、お肉の匂い消しに使われる好パートナー。実際、大豆ミートやお麩などの植物性タンパクには下味として香味野菜を使うと、匂いが和らいでよい相性です。そしてこれらを"じっくり炒める"、これで凝縮した旨み成分になります。この香味野菜は強い香りで臭みを消し、またその香りは脳を刺激してお肉料理を連想させます。たとえば、市販の焼き肉のタレで野菜を炒めたら焼き肉の匂いがするのはなぜか、というのもタレの材料表示を見ると一目瞭然です。お肉を焼くときに使う植物油は、適度な油分となり、照りや良い焼き色を演出し、粉をまぶしたり衣をつけて焼くことは旨味を閉じ込めるだけでなく、表面のカリッとした食感と、ほどよい焦げ風味を演出してくれます。また、旨みの素でもあるしょうゆなどの発酵調味料やお酒、ワイン、フルーツジュースなどを煮詰めてソースを作り、寒天や葛などを加えると、照り感もバッチリなシズル感ある仕上がりになります。これらを実際に焼いていると、お肉を焼いているようなボリューミーで濃厚な香りが漂うから、不思議です。さて、ちょっと張り切って「植物の動物化」のお料理を作ったなら、生野菜やシンプルな野菜料理を添えて、メリハリを楽しんでください。

● 五穀豊穣の鍋焼きベジミートローフ

*ローフ型に詰めてオーブンで焼いてもOK
*ベジバーガーやミニバーグに応用できる！

材料（南部鉄器パン焼き鍋1台分）

大豆ミート（ミンチタイプ）
——— 20g
高きび（炊いたもの）——— 250cc
金時豆（ゆでたもの）——— 100cc
ひまわりの種
——— 20g（すり鉢で軽く砕く）
クルミ ——— 20g（粗めに刻む）
小麦粉 ——— 30g
オリーブ油 ——— 大さじ1
塩 ——— 小さじ1弱

A（野菜はすべてみじん切り）
ニンニク ——— 1片
ごぼう ——— 60g
玉ねぎ ——— 80g
人参 ——— 80g
セロリ ——— 20g
マッシュルーム ——— 80g
ベイリーフ ——— 1枚
ローズマリー ——— ひとつまみ

B
赤ワイン ——— 大さじ1
トマトケチャップ ——— 大さじ1

しょうゆ ——— 小さじ1
コショウ ——— 適宜（たっぷり目に）
レッドチリパウダー・
ナツメグパウダー（あれば）
——— 各少々

ソース
赤ワイン ——— 大さじ2
トマトケチャップ ——— 大さじ2
中濃ソース ——— 大さじ1

作り方

1. 大豆ミートを湯でやわらかくし、すすいだ後軽くしぼって水気を切る。

2. フライパンにオリーブ油をあたため、Aのニンニクとごぼうを入れて中火で炒める。香りが出てきたらAの残りの材料を入れて、振り塩をして軽く色づき照りがでるまでじっくり炒める。

3. 残りの塩とBを加える。

4. 戻した大豆ミートを加えて、野菜となじませるように軽く炒める。

5. 高きび、ひまわりの種、クルミを加えて、全体をなじませるように軽く炒める。

6. 金時豆を混ぜ入れ、火からおろし、軽く粗熱をとる。（味見ポイント！）

7. 小麦粉を加え、よく混ぜる。

8. パン焼き鍋にオリーブ油を塗り、生地を詰める。フタをして弱火にかける。約30分焼く。

9. 火を止めて10分ほど蒸らし、鍋から取り出して器に盛る。

10. 小鍋にソースの材料を入れ、ひと煮立ちさせる。赤ワインのアルコールがとんだら火からおろし、ミートローフの上にかける。

野菜たっぷり ミートローフ

***高きびの炊き方**

1. 洗った高きび100ccを1.2倍の水に30分ほど浸水

2. 火にかけて沸騰したら弱火にして15分炊く

3. 火を止めて10分ほど蒸らす。

スパイスの極意！

ハーブは"食べるアロマセラピー"、スパイスは"感覚の旅行"。五感を刺激してくれます。
――その香りや味覚で五感を刺激し、食べて心地よく、薬効にもすぐれたハーブやスパイスはまさに医食同源、癒しと健康に必要なものがオールインワンにパッケージされたマジカルな植物です。古来より、中国の薬膳、インド圏のアーユルヴェーダ、ヨーロッパの薬草療法でも伝承されてきた香料植物のパワーを、もっと自由に自在にお皿の上に取り入れていきましょう。ここでは私がインド圏で教わった、香りが何倍も引き立つスパイスとカレーの極意を伝授したいと思います。

Fenugreek

ホールスパイスとパウダースパイス

さまざまなスパイスが渾然一体となって料理全体をハーモニーで包むのがパウダースパイス、口中で個性がはじける新鮮な香り玉がホールスパイス。面白いことに、同じスパイスでもいわゆるカレー粉のようなパウダーのスパイスと、種丸ごとのスパイスではその特徴も効果も違います。

常備しておきたい基本スパイス

◆ パウダースパイス
クミン・コリアンダー・ターメリック・レッドチリ（赤唐辛子）・コショウ

◆ ホールスパイス
クミンシード・フェヌグリークシード
ブラウンマスタードシード・レッドチリ・コショウ

香りを引き出す裏技！テンパリング

スパイスは、熱と油に当てることでエッセンシャルオイルが溶け出し、香りを花開かせます。これがカレー作りの裏技"テンパリング"。料理によってプロセスの最初か最後、または途中に登場させます。台所が一気に本格インド料理屋さんの香りに包まれます。（油を控えたい場合は空炒りするだけでもOK）

料理のはじめに入れる場合
小鍋に油を温めホールスパイスを入れ、優しく見守る。スパイスが焦げない程度に色づいて、香りが立ち上がったらテンパリングOK。玉ねぎを加えて調理スタート。

料理の仕上げに入れる場合
テンパリングした香りのオイルを熱々のうちに出来上がったカレーにジュッと加えて、フィニッシュ！

カレー粉のテンパリング
カレー粉（＝パウダースパイス）を加えるときは、玉ねぎをじっくり炒めた後に。玉ねぎと一緒に熱と油に馴染ませるように。その後にトマトなど水気のあるものを加えると香りがより引き立つ。

カレー粉とガラムマサラ

カレー粉はお料理全体の風味を決めるものなので、辛味香味色味がバランスよく配合されます。一方、ガラムマサラはガラムは「ホット」、マサラは「スパイス」の意味ですが、辛さというよりは香味を楽しむスパイスをブレンドしてつくります。
カレー粉は煮込むときに主に使いますが、ガラムマサラはお料理の仕上げのスパイスアップに使うと、香りがさらに立体的になっていきます。ガラムマサラは、カレーやインド料理に限らずお料理をちょっとエスニックな風味にしたいときのアクセントに、幅広く使えます。
カレー粉もガラムマサラも、スパイスをどう組み合わせるかのバリエーションは無限。インドの主婦は、その日の家族の体調やお天気を見ながら配合を変えて、スパイスボックスからひょいひょいとお料理に入れていきます。これぞキッチンファーマシーだなあと感心します。

● ある日のカレー粉

パウダースパイスから作ります。よく混ぜ合わせて密閉容器に保管。

クミン ── 大さじ2＊
コリアンダー ── 大さじ2強＊
ジンジャー ── 小さじ2
ターメリック ── 小さじ2＊
カルダモン ── 小さじ1
コショウ ── 小さじ1＊
フェンネル ── 小さじ1/2
フェヌグリーク ── 小さじ1/2
シナモン ── 小さじ1/2
クローブ ── 小さじ1/4
レッドチリ ── 小さじ1/6＊
タイム ── ひとつまみ

＊は必須スパイス。

● ある日のガラムマサラ

ホールスパイス（粒）から作ります。

カルダモン（種の部分） ── 8粒分
コショウ ── 小さじ1
クミンシード ── 小さじ1
コリアンダーシード ── 小さじ2
シナモンスティック（カシア） ── 1片
クローブ ── 小さじ1

1 それぞれを小鍋で弱火で軽くローストする　焦がさない、乾燥させる程度でOK
2 すり鉢でついて細かくして、すべて合わせる
3 密閉容器に入れて保管

生姜の千切り
レンズ豆のダール

● パクチーグリーンペースト

パクチーがたくさん手に入ったとき作っておくと重宝します。トッピングにしてよし、ジェノベーゼのように使うのもよし。カレーを煮込むときに加えるとコクが増しますよ。

パクチー（茎と根っこも入れてOK）――120g
ニンニク ――――――――――― 3片 粗く刻む
ショウガ ―――――― ニンニクと同量 粗く刻む
オリーブ油 ――――――――――――― 100ml
塩 ―――――――――――――――――― 小さじ1

フードプロセッサーに入れて、かくはんする。

● 食べるインドラー油

辛いけど食べちゃう！ テンパリングスパイスの美味しさを気軽に楽しめるようにしたのが「食べるインドラー油」。料理の仕上げにかけてみて。ご飯にかけるだけでもインドご飯。

● カスリメティ

マメ科スパイス、フェヌグリークの葉を乾燥させたもの。乾かす程度に空煎りして加えると、マジカルに風味が倍増します。インド食材店で入手可。

● ジンジャーガーリックペースト（GGP）*

ショウガとニンニクを同量すりおろしてペーストにしたもの。その都度作ってもよいし、塩と酒を入れて、保存性よくして冷蔵庫に常備しておくと、いろいろ使えて便利。

魔女ティ Majo Tea

春先から初夏にかけて、庭や畑にある植物を収穫してお茶にしています。どれもちょっとしたお庭があれば生えてくる"雑草"と呼ばれるものや、よく見かける植物です。そして薬草として古くから親しまれてきたものばかり。我が家のうさぎ"ピーター"が美味しそうに食べている花や葉っぱを見て、新たな配合のアイデアにつながることもあります。これはいわゆる"野草茶"なのですが、私は自分でブレンドしたこのお茶を「魔女ティ」と呼んでいます。

お茶に合う野草は他にもいろいろあるのですが、私がよく使う"魔女ティグッズ"を挙げてみました。

🌿 たくさん入れても飲みやすい葉っぱ

スギナ
青々とした葉を選びます。
ケイ素が豊富。

柿の葉
まだ固くなっていない葉を摘みます。

枇杷の葉
こちらは年季の入ったゴワゴワした葉っぱが味わい深くておすすめ。産毛にホコリがついているので、ゴシゴシとよーく洗って。

レモングラス
さわやかなレモンの香りとコク。

マコモ
こちらは夏にグンと伸びた株を収穫して干しておきます。ブレンドする他、焙煎して単体でお茶にして楽しみます。

レモンバームやレモンバーベナ
柑橘系の香りのハーブはレモングラス同様に。

セントジョーンズワート
ガーデンショップで気分を明るくしてくれるハーブとして売られています。寒冷地でなければ冬越しして元気に育ちます。

🌿 クセを楽しむ葉っぱ

ミント
ひと枝入れるだけでもスキッと爽快な香味。

桑の葉
生葉はクセなく、乾燥させると青い香り。

カラスノエンドウ
成長してサヤがついてきた頃。アブラムシが大好きな草なので集まってくる前のものを収穫します。焙煎がオススメ。

カキドオシ
独特のさわやかな香り。体の熱を冷ましてくれる草と言われています。

よもぎ
5月初旬までの柔らかな若葉が香味ともにベスト。

ドクダミ
健康茶として人気のドクダミ。私は単独で焙煎してお茶にします。

あなたも辺りを見回してみて。どんなものが生えているでしょうか？
一枚つまんで、匂いをかいで、食べてみて。そして五感を働かせて、魔女の気分でブレンドしてみましょう。ただし、有毒な草との見分けがきちんとつくもの、限定です。体にいい魔女のお茶なので、くれぐれも冒険や無茶はしないで、親しみのある野草で作りましょう。

フレッシュな魔女ティ

COLUMN 5

ヘルシー ジャンクフード

　ジャンクフード──。高カロリー、高脂肪、高コレステロール、高添加物。わかっているのに無性に食べたくなることって、ありませんか?! ナチュラル志向のあなたの心の底に潜む、ジャンクフード心に注目! そんな気持ちにフタをしてしまう代わりに、ジャンクなイメージのヘルシーフードを作ればいいのです。手づくりなら添加物の心配は無用。オーガニックの材料と、天然の調味料にスイッチして手づくりしたら、ジャンクフードはヘルシーフードに変身します。私は、ジャンキーなものはジャンキーに、「ああ、やっぱりこうでなくっちゃ」という味を出すために探究心を燃やします。たとえばハンバーガー。ソースは濃厚気味に、パテもハンバーガー屋のあの感触をイメージしながらベジバーガーを手づくりします。といってもイメージしているのはチェーン店のそれではなく、さしずめ本物志向の、私のふるさと長崎のこってり佐世保バーガーのイメージでしょうか。

何種類もの植物材料を使うパテづくりのプロセスは、レシピとしては少々込み入っていますが、これこそオールベジタブル料理の醍醐味でもあります。パテを焼いているときの、鉄板から漂う匂いは、不思議なことにまさにハンバーガーショップなのです。バー

ガーバンズにマスタードを効かせて豆乳で作ったSOYマヨネーズをたっぷり塗って、焼き上がったパテ。野菜もたっぷりはさみ、ケチャップや手づくりソースもじゅわっとジューシーに効かせます。ここに、蒸したジャガイモを揚げたフライドポテトと自家製ジンジャーエール、作りおきのピクルスがあれば、ジャンキーなシチュエーションは完璧です。ジャンキーをヘルシーに転換するヒントは、ナチュラルフードの対極の場でも見つかります。スーパーの商品棚に並ぶ加工食品の多くは、食品表示のラベルに書ききれないくらいの添加物を駆使しています。裏側のラベルを読みながら、メーカーや開発者の方々の創意工夫に感服します。方向性は違うものの発想がクリエイティブ。乳化剤、増粘剤、○○エキス、香料……。どれも役割を計算したうえで添加したものだからその理由には、なるほど！ という発見があるのです。その効果を出すための材料は、もともとは天然の食材のなかにあるものです。そう、添加物以前の、源に戻ってみましょう。簡単なところでは、旨みのもとであるアミノ酸を、化学調味料に頼る代わりに、その源である昆布を使う、というところから始めてみます。さらに干しきのこや香味野菜など、ダシ力のある素材でバックアップしよう！などと発想を広げていきます。

増粘剤はなるほど、食べていてパサつかないし、結着力などの効果があります。天然の素材で同じことを叶えるなら、そうだ、葛粉を入れてみよう、それとも山芋を加えてみようか。

こんな発想のゲームは、独りきりでは成り立ちません。食のあるところ、食のために情熱を燃やしてきた先人がいます。大量生産・大量流通・安価のための食品開発の場にも。そんなアイデアを逆活用して、体が心地いい、ナチュラル路線に変換してしまいましょう。あなた流のヘルシージャンクが出来上がるはずです。

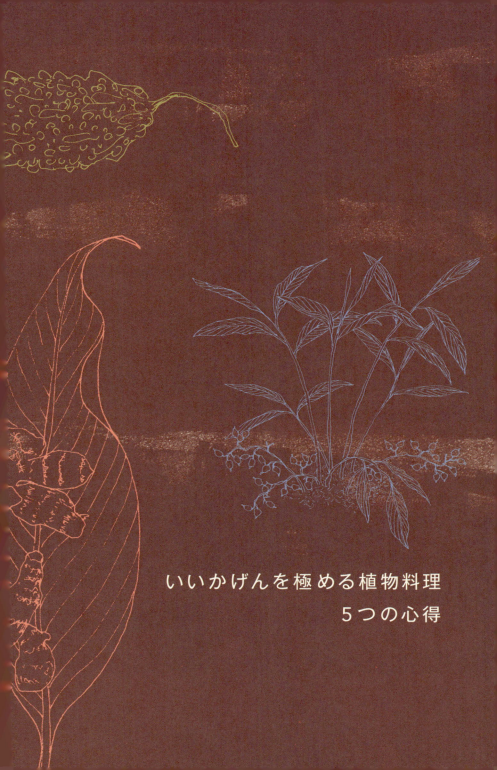
いいかげんを極める植物料理
5つの心得

いい加減を極める植物料理
5つの心得

… 料理はコミュニケーション！

中国発祥の陰陽五行説では
木・火・土・金・水の5つを円で表し、
それぞれのエネルギーが関わり合い生まれる作用に着目してきました。
採れたての野菜を下ごしらえするところから始まって、
道具、火、時間、微生物の力で料理が生まれ、
そしてふたたび循環していくまでをこの5つに当てはめました。
植物料理をする上での心得えとして活用してみましょう。

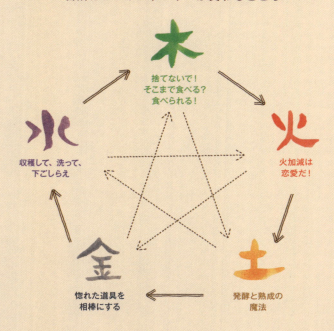

―― 台所は5つのエネルギーが交わるところ ――

今、ここにある一期一会
収穫して、洗って、下ごしらえして

レシピ通りに作って、いつも変わらない味を再現できる安心感。とはいえ、相手は生き物。人も食材も、生き物同士です。季節と共に変化しています。だから「今、ここ」、目の前にある相手と対話するところからお料理は始まります。

お茶室でお茶碗を愛でるように、食材を手にとって、観察し、なんなら一切れ、口に入れてみましょう。そうすると、味や密度、水分量、表情が、この前お料理したときとは微妙に違っていることがわかるようになっていきます。コンディションに合わせて、食材と自分の「今、ここ」感覚を信頼しながら、お料理します。

食べることは生命活動ですが、料理することは同時に創造活動でもあります。メニューが決まっていなくて、今ある野菜や食材で料理するときこそ、もっともクリエイティブな時間です。今日はどんなふうに切って、どんなふうに火を入れて、どんな組み合わせで、どんな調味料を使おうかな。日々の小さな一期一会を楽しみましょう。そして、メニューづくりで目指す地点は、ハーモニーのとれた、気持ちのいい食卓です。

COLUMN 6

パリッと元気なサラダが食べたい！

サラダに使う葉っぱは、シャキっと元気な状態で食べたいですね。元気な野菜には、土や小さな虫がついていることもあるので、しっかりと汚れも落としたい。野菜を傷つけることもなく、おまけに元気がよみがえる野菜の洗い方があります。それはお湯洗い。かつて、レタスは冷水で、なんならキンキンの氷水で引き締めるものだという考えがあって、お湯に当てるなんてとんでもないと思っていました。あるとき"50℃洗い"というものを知り、半信半疑でお湯で洗ってみると、あら不思議！少しクタッとなっていたお野菜たちが、目覚めてピンピンに蘇りました。これは、お湯にあたることで、細胞がアラートを出して酵素が働き、シャキっとする原理が働くためらしいです。今は自己流で、ちょうどお風呂に浸かって気持ちいいと感じるくらいの温度で洗っています。お芋や根菜類も同様に、お水でゴシゴシ洗うよりもお湯の中でたわしや布でぬぐうだけで、土や泥が取れやすくなります。洗うときは、ベトナムの平和活動家で僧侶であるティクナットハン師が説く、「赤ん坊のブッダを洗うような気持ちでお皿を洗うように」というマインドフルネスの教えを応用して、葉っぱを神聖なかわいい赤ちゃんとして扱います。お湯とマインドフルネス。この2つでパリパリ、シャキシャキの元気なサラダ、用意していきましょう！

美味しいサラダを食べるまでの手順

1 太陽と土で育った元気な葉っぱと出会う。
2 土などがひどくついていないか、確認。（見た目汚れてなければOK。汚れていたら、サッと洗い落とす。）
3 そのまま食べやすい大きさにやさしくちぎる。
4 洗い桶にお風呂くらいの温度のお湯をたっぷりと張る。葉っぱが余裕で泳げるくらい。
5 両手で葉っぱを持ち上げて、葉っぱのお風呂に入れる。やさしい手つきで葉っぱをお湯のなかでゆらせる。
6 「手ざる」を使って、やさしくざるにすくい上げる。
7 水切り器を使って、表面についた水をとばす。

保管するとき
容器にキッチンペーパーを1、2枚敷いて、葉っぱをふんわりと入れて、冷蔵庫で保管する。

食べるとき
塩・コショウを振り、ふわっふわっとトスして、下味をつけてからドレッシングをまとわせる。（こうすると全体に味のハーモニーが行き渡ります。）

生まれたての赤ちゃんを湯浴みさせるみたいに葉っぱを洗う

葉っぱのための心地良いお風呂を準備してあげる

「サラダスピナー」

葉っぱを水切りする原始的な2つの方法

さらし布に包んで軽くふり回す

2つのザルを合わせて人間スピナー

切る

スープをつくるとき、小さなサイズに切り揃えますか？ ゴロゴロと大きめの田舎風にしますか？ それともポトフのようにゴロンと形を残して大きくカットもいいですね。次はミキサーにかけて口当たりなめらかなポタージュにしましょうか。繊維に沿って切るか、断ち切るように垂直に切るかによっても、味や食感に違いが出ます。そんな変化を楽しんでみましょう。 たたいたり、削ったり、おろしたり、擦ったり、ちぎったり。これも楽しくて私が大好きなカット方法です。なぜなら、包丁で切るのと違って、断面（エッジ）が複雑に増えるので、食感が多様化し、味のしみ込みもよくなるのです。

インドの家庭でお料理を学んだときのこと。お母さんは茹でて皮をむいたじゃがいもを、手でむぎゅーっと握りつぶしてマッシュしていました。これは気持ちがいいです！以来私も真似しています。東南アジアでは、大きなすり鉢の中でピーナッツや生のインゲン豆をすりこぎで潰し、青パパイヤのサラダにくわえます。市場では女性たちがコーラのボトルのフタのギザギザでココナッツの胚乳を削って、ココナッツミルクを絞っています。あるものを最大限活用するたくましさと創意工夫に心が躍ります。「切る」という行為一つでもこんなに多様。このようにいろいろな切り方を楽しんでお料理をすると、テーブルがより一層表情豊かになります。

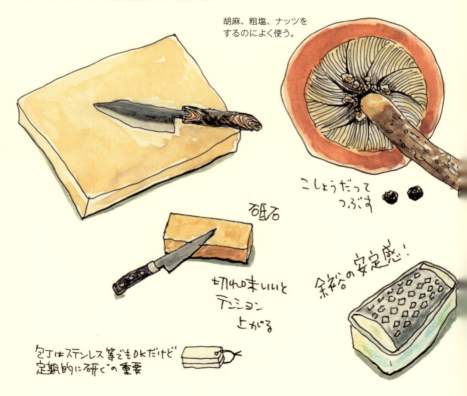

惚れた道具を相棒にする
鍋や包丁、調理道具を通して

・オーブンなしでも焼ける
・外側サクッと、
　内側しっとりふんわり
・ドーナッツ型のまあるい
　ケーキ
・フタもお鍋になる
・お料理もできる

あなたと食材の間をとり持ってくれるのが、道具。だから惚れ込むくらいに気に入った道具を使いましょう。一度あなたの元にやってきたら、一生またはそれ以上使うことになるかもしれない相棒です。旅先のマルシェでぶっきらぼうな職人から買って以来、毎日使って30年近く経つ木ベラも、どこにでも売ってるプラスチックのお茶碗も、私にとっては良き相棒。台所に立つあなたがウキっとときめく、道具たちとの素敵な出会いがありますように。

お鍋の話

南部鉄器のパン焼き金局

お鍋は、鋳鉄、土鍋など、多少重めでも厚手でしっかりしたものを一つ持っていると、焼くだけ、煮るだけ、蒸し煮するだけといったような素材を活かしたシンプルな料理が途端に次元上昇します。蓄熱をするだけの厚みがある分、輻射熱(ふくしゃねつ)でじっくりと火が入り、その間に素材自身の水分が循環して旨味が凝縮していくのです。炒め物にも鋳鉄の蓋つきスキレットを多用しています。極上の手抜き料理を目指したい人こそ、厚手の鍋はオススメ。さっと火が通る軽量のテフロン加工のフライパンも愛用しています。コーティングが剥がれてくっつきやすくなるので、空焚きしないよう気をつけましょう。

底面のみならず
側面まで7層構造って最強！

厚手のステンレス
7層構造鍋

パスタはフライパンで茹でると
お湯たくさん沸かさなくてすむ

圧力鍋

圧力鍋は、時短でエコな調理道具。圧がかかったお鍋の中で熱と味が浸透していくので、芯までやわらかくなります。玄米ご飯を炊いたり、豆を煮たり、おでんやポトフなどの煮込みも、お手のものです。

長年愛用
圧力鍋

Pumpkin Cake
Gluten Free

[ドライ]
スペルト粉　150g
ベーキングパウダー　t1 1/2

[ウェット]
キャノーラ油　60cc
さとう　40g
豆乳　100〜110cc
塩　t1/4
バニラエクストラクト　t1
ラム酒　t1
レモン汁　t1

[ソリッド]
蒸してマッシュした
かぼちゃ　200g

蒸して刻んだ
かぼちゃの皮　20g

[トッピング]
カランツ　10g
かぼちゃの切れ端
適当

 ← カランツと
かぼちゃの切れ端を
トッピング

TAMI PAN

かぼちゃの鍋焼きケーキ

私が愛する道具たち

チーズグレイダー

レモンの皮をすりおろしたり、
ニンニクやショウガをササっとおろしたり、
お料理好きにはとっても役に立つ。

こっちもチーズグレイダー

ガシガシと使えて頑丈。
人参をシリシリして
粗い感じに仕上げたいときに。
包丁で千切りするのとはまた違う
表情になるのよね〜。

このアールが完璧 ← しなり具合がたまらない！
ミニゴムベラ
↑ このカドが絶妙
Blanche Associes

昔の3倍以上の価格になってしまっ
たけど、逸品だからまた買う一品。

スケッパー

みじん切りにした薬味などをまな板から
ボウルに移す。色々役に立つ。

奥行がしっかりあって使いやすい縮尺だから。

イチョウの木
まな板
地元の直売所で買った

適度に油分があるのと
弾力があって包丁のあたりがよい

大きいものは大きいなりの
小さいものは小さいなりの
良さがあるね

気楽にちょこっと
使いができて、
この上に熱い
ポットを置いてもOK。
オリーブ材はとにかく
丈夫で助かる！

olive wood

薄めのオリーブ材。
ミニミニサイズ。

小回りがきいて
餌にもそのまま
出せる
ウッドボード

すり鉢

〈食べがらくて♡〉
そのまま器に
してもかわいい

安ーいプラのお椀

せいろ

冷やご飯や
硬くなった
マフィンも
あっためられる！

90

慈しみのつかみ〜手作りの布たち

いわゆる"鍋つかみ"なのですが、台所仕事の縁の下の力持ちで、熱いものをつかむのに1日に何度もお世話になるので、チクチク自分で手縫いしたとっておきのものを使っています。また、お鍋やティーポットの座布団（＝鍋敷き）にもなります。使うたびに優しい気持ちになれるので「慈しみのつかみ」と固有名詞をつけて呼んで大切にしています。中綿の代わりにコットンタオルを折りたたんで、表布には思い出の布をパッチワークして、数時間かけてチクチク刺し子を施したこのつかみは、丈夫で長持ち！ウレタン綿の鍋つかみとはワケが違うので熱で溶けることもありません。信頼のおける相棒です。中身が詰まっているように、愛もたっぷり詰まっているので、何度も洗って何年も使い続けます。

チクチク、時間をかけてつくる いつくしみのつかみ

思い出の端切れを一緒に縫いこんで

中に粗品のタオルが折り込まれて入っているから、とにかくしっかり者

布類・フキン類は
○ 酸素系漂白剤
○ 重そう
○ セスキ
のどれかを熱湯と合わせてつけ込むと、汚れがきれいに落ちて気持ちいーい

火加減は恋愛だ
熱のエネルギーが交わって

鍋を通して"火"と"食材"が出会い、親密ないい時間を過ごしたなら、食材は美味しい料理へと昇華されていきます。料理人は食材の個性だけでなく鍋の性格も知って、火のエネルギーで両者をつなげるキューピッドエンジェルのような存在です。煮る、茹でる、焼く、炒める、揚げる、蒸す──。加熱調理それぞれに、ちょうどいいタイミングやコツがあります。恋愛と同じく、火加減も、相手の個性に合わせたコミュニケーション。ここでは厚手の鍋×食材×火の対話力を中心に、"火加減の妙"について、少々熱めに語っていきたいと思います。

野菜とキヌアのスープ

ゆっくり育む愛
～焦がさないための予熱

厚手の鍋は鍋全体が熱くなるのに時間がかかる分、いったん熱くなったら冷めにくいのが特徴です。そこで、炒め物などを始めるときは、弱火で5分くらいじっくり「**予熱**」を入れてあげてから油を入れて、野菜を入れるようにしましょう。その後は野菜の表情を見ながら火加減を調節します。

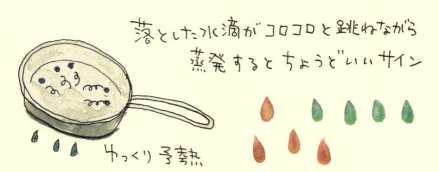

＊軽量鍋の場合は、火力がそのまま食材に当たって反応するので、
予熱は最小限で調理を始め、野菜の気持ちに応じて火力を調節してあげましょう。

Suer スュエ

見守る愛
〜素材の旨みをじっくり凝縮させる炒め方

フランス料理では炒め方にも様々な方法があります。「スュエ」はその一つで、植物料理で美味しさを引き出すのに欠かせない調理法です。スュエとは「汗をかく＝sweat）という意味のとおり、材料が汗をかいてしんなりしたものを、焦がさないよう、弱火でじっくりと炒める方法です。カレーの玉ねぎをキツネ色に甘く炒めたいときも、基本的にこの方法で火を入れます。

予熱した鍋に油を温め、切った野菜を入れたら、振り塩をして、混ぜ広げます。普通の炒め物ならここで絶えずお箸やヘラでかき混ぜるところですが、材料が鍋底で熱と交わっているのを数分見守ってあげましょう。火加減は弱〜中火です。より早く汗をかかせるために、フタをしてもOKです。汗が出てきて、少し甘い匂いがしてきたら、焦げないうちにひと混ぜして広げてまたそばで見守ります。これを何度か繰り返し、だんだんと汗も蒸発してしっとりツヤツヤと油が浮き始める頃には、すっかりいい旨みが染み出しています。こうして書くと、なんだか時間がかかるように感じるかもしれませんが、そばで見守りながら他のお料理にとりかかれるので、結果としては時短調理につながります。

フレッシュトマトでつくるラタトゥイユ

そう！トマトは水分あるので後入れチーム。

じっくりめに焼いたたまねぎ、ズッキーニ、パプリカ

茄子はさっと揚げたの入れるとコクが出て、やわらかくなっていい仕上り

密室の愛
〜蒸し焼きと蒸し煮

とびきりの旬野菜が手に入ったら、まずはやってほしいのがこれ。
ぴったりフタができる厚手のスキレットや鍋でつくる、ほぼ水無しのシンプル調理法です。蒸し焼きも蒸し煮も方法は同じです。残っている水分の違いとイメージしてください。大きめのカットか野菜そのままを蒸し焼きに、切ったお野菜で蒸し煮にするのが似合います。どちらも野菜にそのままの旨みが閉じ込められていて、チンして加熱した野菜とはまた味の深さが違います。温野菜の状態なので、他の料理へと応用も自由。密室の愛が起こっている間、見守りつつ、他の料理に取りかかれるところも魅力です。

蒸し煮の場合

呼び水や差し水で水分量を調節し、最後はしっとりと仕上げます。
煮汁に溶け込んだ旨みを感じてみて！ここから煮物やスープをつくるのにも向いています。

＊密室の愛を知ったなら、葉物など火の通りがよい野菜を中強火で一気に蒸しあげる「瞬間調理」も楽しめます。

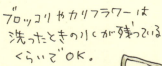

1. 鍋（またはスキレット）に野菜を入れます。
2. 「呼び水」として、水を振り入れます。
3. そのままか、好みで振り塩・オリーブ油・コショウ・ハーブなどをふり、フタをします。
4. 中強火にかけて数分、鍋が熱くなりフタから蒸気が出るくらいに鍋の中の温度が高まったら、後は野菜自身の水分が循環して蒸されていきます。火を弱めて材料にすっかり火が通るまで蒸します。
  ＊途中、必要なら「差し水」をします。

蒸し焼きの場合

最後は鍋底の水分がほとんど残っていないくらいで構いません、旨みが全部素材に戻った証拠です。試しにその水分を舐めてみてください。野菜の旨みがどんなものか、感動すると思います！ 火から下ろしたらフタをしたまま余熱しながら、食卓へ。さあ、今日はお気に入りの塩とオリーブ油で食べましょうか、それともそのまま何もつけずにいきましょうか。

身を焦がすような愛～グリル×蒸し焼き

こんがりと焼き色のついた野菜のグリル。BBQでちょっと焦げたほうが美味しいように、グリルも焦げ感が魅力です。火のパワーを感じるワイルドな味わいと野菜のジューシーさのハーモニー。冷めても美味しいので常備菜によく、また、サラダに、ごはんに、カレーにと、どこに合わせてもよいマッチングをして食卓を盛り上げてくれます。

1　ボウルに切った野菜を入れ、振り塩、そして野菜全体をコーティングするようにオリーブ油（または好みの油）をまぶす。（こうすることで、焼いている時に野菜がどれだけでも油を欲しがるということがなくなる。油で油を制する方法です）
　　＊好みでコショウ、ハーブ、ニンニクなどを加えてもOK。

2　予熱しておいたスキレットまたはグリルパンに野菜を並べ、ボウルに残った油もゴムベラできれいにぬぐって加え、こんがり色づくように焼きます。火加減はさっと焼きたい野菜は中強火、じっくり焼きたい野菜は中弱火で。（ここで蒸し焼き同様にフタをすると、野菜の水分でふっくらと全体に火が入ります）

3　焼き色がついたら鍋から剥がれやすくなっているので、裏返してもう片面も同様に焼きます。

＊油を吸うのが大好きな茄子も、蒸し焼きグリルにすると最小限の油でふっくらとやわらかく仕上がります。

熱しやすく冷めやすい愛〜茹でる

野菜を色よく、歯応えよく茹で上げたいとき、私は浅いフライパンを使います。深鍋で茹でるのに比べて、火の通りが良く、材料がゆったり泳げる、水の量が少なくて済みます。（同じ理由からパスタを茹でるときも、私はフライパンで茹でちゃいます）

1. まず、たっぷりの水を入れ、フタをして強火にかける。
2. ポコポコしっかり沸騰したら塩をひとつまみ入れて、野菜をパラパラと投入。菜箸やトングで軽く抑え、フタをして再び沸き上がるまで待つ。
3. 沸いたら均一に火が通るように軽く混ぜる。
4. 火が通ったらざるに上げて、手早く冷ます。一方で、鮮やかな緑色を活かしたい葉物の場合は、用意しておいた冷水にくぐらせて一気にクールダウン。ざるに上げて水切りする。

愛の鍋事情

私の料理では厚手の重量感のある鍋を偏愛して使っていますが、「これでなくてはいけない！」ということではありません。あなたが普段、食材や火と対話を楽しんでいる相棒であればそれが一番です。お料理ベテランのおばあちゃんたちを見て下さい。年季の入ったアルマイトのお鍋一つで、次々と素敵なお料理を作ってくれるでしょう！？

熱々の蒸気愛〜蒸す

蒸し器料理も、電子レンジを持たない私の台所生活で重宝する方法の一つです。密室系蒸し煮や蒸し焼きよりはあっさりめに、そして蒸気を全身にまとってみずみずしい仕上がりを楽しめます。蒸し器で野菜を蒸すときは、お湯がしっかり沸騰して蒸気が立ってから入れます。（お芋など固めのお野菜なら水のときからセットしても大丈夫）

サクッと天ぷらを揚げる〜卵がいなくても

マクロビオティックの学校で初めて揚げ物を学んだとき、フライも天ぷらも、卵を使わなくてできることを知ったのは"目からウロコ"体験でした。卵が生地に入った時のふんわり感はないのですが、代わりにサクっと仕上がって、そのサクサク感が冷めても続くのが魅力です。粗熱をとってそのまま"おもたせ"にしてもいいですね。

洗ったままの野菜または軽く湿らせた野菜に小麦粉をたっぷりまぶす。衣はそれだけ。

● 天ぷら（フリット）

材料

揚げやすい薄さ大きさに切った野菜
（普段の天ぷらの要領で）
小麦粉
揚げ油

作り方

1　野菜は表面に適度湿り気がある状態がベスト。洗って軽く水切りしたくらいがちょうどよい。

2　油を中弱火で温め始めます。油の量は野菜がかぶるくらいか、節約したければ半分くらいでもOK。

3　ボウルに野菜と、同量くらいの小麦粉を入れ、箸などを使ってふんわりと全体にまぶす。野菜にまとわりついたら少し粉っぽさが残るくらいでもOK。粉がボウルに残っていても大丈夫。
　　＊粉が残ったら水で溶いて刻み野菜と合わせてフライパンでお焼きにするのが私のお気に入り

4　油の温度をチェックします。菜箸を入れて、ひと呼吸おいて、箸先からジュワッと泡が立ち上がったら揚げるのにちょうど良い温度。ここで中火に。

5　一切れずつ、材料を油の中に入れる。量は鍋の表面の2/3にとどめる。立ち上がる泡が細かければ火が弱いサイン、逆にシュワシュワが強いようなら火が強いサイン。あまりさわらないで、衣に火が通り安定するまで少しの間見守りましょう。菜箸で端っこをつついてみて、コンコンっと手応えを感じたら、ひっくり返して、同様に。網やペーパーに上げて、油切りをする。

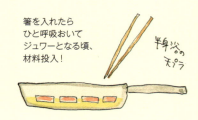

箸を入れたらひと呼吸おいてジュワーとなる頃、材料投入！

油は腰湯くらいの量でもOK！片面揚がったらひっくり返して同様に揚げる。

● フライ

材料

フライにする野菜などの食材
小麦粉
パン粉
揚げ油

車麩とズッキーニ＆人参のミックスフライSOYマヨタルタルソース

作り方

1. 最初に3つのボウルと2枚のバットを用意。1つ目のボウルには小麦粉、2つ目のボウルには小麦粉と水を1:1で溶き混ぜたもの（水溶き粉）、3つ目のボウルにはパン粉をたっぷり（パン粉ベッド）。バットに、あとは揚げるだけの材料を並べる。

2. 揚げる材料は、天ぷら同様、表面に湿り気のある状態がベスト。材料を小麦粉のボウルに入れてまぶす。一つずつくっつかないようにすれば、まとめて入れてもOK。

3. 余分な粉をはたいて、水溶き粉の中にディップする。生地がまとったら、そっと取り出して余分な水溶き粉を落とし、パン粉ベッドへ移動。

4. パン粉ベッドの中でパン粉をしっかり全体にまぶす。余計なパン粉をふり落としたら、バットに移します。

5. 揚げるときは天ぷらと同様に。

冬越しをした小ぶりな人参をザクザク切って

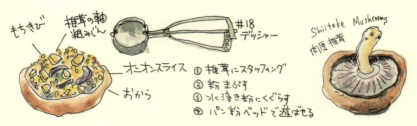

椎茸もちきびおからファルシのパン粉揚げ

発酵と熟成の魔法
微生物と時間がゆっくり耕す

発酵といえば、麹菌を使った発酵食品。味噌、しょうゆと毎日お世話になります。塩麹にしょうゆ麹、エスニックなソースまで、麹のアレンジは無限！ 納豆も外せません。そして、即席でなく時間をかけたお漬物、これは乳酸菌の宝庫。ほどよく酸味の出た沢庵漬け、白菜漬け、キムチ、そしてぬか漬け。我が家では自家培養の豆乳ヨーグルト、紅茶きのこ（コンブチャ）なども常備しています。

まいにち菌活

私たちの体を構成している細胞の数に対して、そこに住んでいる常在菌の数は10倍といわれています。なんと、人口比率1000％！ 中でも大切なのはお腹。とくに大腸の中は「腸内フローラ」とも呼ばれる菌や微生物の多種多様な生態系。善玉・悪玉・日和見菌役の菌ちゃんたちがひしめき合ってコミュニティをつくり、バランスよく宿主の健康を司っているのです。カラダが喜ぶ"良い菌"を食事から積極的に取り入れて"まいにち菌活"に励みましょう！

お腹のしあわせ＝人生しあわせ論

お腹の調子がすぐれないとき、体全体に元気が出ない感じがします。お腹を守ろうとして背中も屈み込みがちになり、何をするにもどことなく消極的になります。一方、お腹の調子がいいと、なんだかそれだけでハッピー。快食快便！ 背筋はピンとして声にも張りが出て、気持ちも前向きになるので、人生に自然といいことがやってきます。「丹田」「肚が決まる」という古くからの言葉も、お腹が整っていることの大切さを物語っています。お腹にしあわせなお花畑を育てて、ハッピーな人生の恩恵にあやかっていきましょう。

菊芋、ヤーコンはオリゴ糖の宝庫！

健康野菜として注目される"菊芋"と"ヤーコン"は、水溶性植物繊維が豊富で、腸内フローラの善玉菌が喜ぶオリゴ糖を腸に届けてくれます。晩秋から冬にかけて旬を迎え、直売所に並びます。生で食べるとオリゴ糖効果も抜群なので、私は味噌漬やしょうゆ漬にして、長く楽しめるようにしています。
シャキシャキとして、甘味があって、ぬか漬けにしても最高です。

Sun dried Topinambour

ヤーコンの季節だね
菊芋の季節だね
また巡ってきたね

とりあえず どっちも キンピラ

菊芋・ヤーコン

キクイモは たくさん 実るとき、スライスして天日干し

梅を漬けたときに 上がってくる 梅酢
クエン酸たっぷり
フルーティー
塩味 と揃って
重宝する調味料

医者いらずの梅仕事

梅干しは天然の抗菌効果、そして豊富なクエン酸で、"医者いらず"といわれています。ごはんの真ん中に梅干しをのせて、日の丸弁当にしたのは、防腐効果を狙ってのこと。体の調子がすぐれないときは、お番茶に梅干しを一個、ほぐしながら飲みます。時間をかけて熟成された保存食品には、栄養や効果だけでは解明できない、さらに深淵な力が宿っているように感じます。

梅酢
重石
梅・梅干
長寿の秘訣じゃ〜
フルーティ!!

ぬか床を耕す

ぬか床に手を突っ込んでいると、アーシングをしている感覚になります。電気製品にアースが必要であるように、人の体にも必要です。畑で土に触れる、草の上に寝っ転がる——、体に溜まった電磁波を大地に放電、それがアーシング。大地に触れることを通して命の源とのつながりを感じ、満たされていきます。ぬか床は台所でできるアーシング。手を通して微生物たちとつながり、"ぬか"という大地を耕す。ついでにぬかの油分でお肌もしっとりです。そんなぬか床で漬けたぬか漬けは、乳酸発酵野菜サラダの感覚でどうぞ。私は迷わずカレーにも添えます。夏季なら半日漬けるだけでも野菜をたっぷりといただけるし、数日漬けて発酵が進んだものもまた良いものです。今は便利なぬか床パックなどもあり、気軽に始められます。

おすすめ野菜

大根、カブ、きゅうり、人参、ズッキーニ、コリンキー、ピーマン、キャベツ、長芋、菊芋、などなど

＊時間：常温で漬けてから野菜によって約1日で味が染み込んで食べられる。冷蔵庫熟成の場合はゆっくり漬かる。あっさり食べたい時は一晩で引き上げる。数日漬けてしっかり乳酸菌の効いたぬか漬けを楽しんだり、好みのタイミングで引き上げて。

＊下漬け：水分の多いきゅうりなどは、塩をまぶして30分ほどおいたのち、ペーパーなどで水気をとってから漬ける。

お手入れ

お野菜を漬け込むうちに塩気が減って水分が多くなり、
ぬかも減っていくのでお手入れをすること。

＊水抜き：上澄をおたまなどですくって出す。昆布・干し椎茸・干大根（大根が余ったときに輪切りにして天日干しにして作っておくとよい）を入れると、水気を吸ってくれて、旨みも増強。そしてぬか漬けとしてもちろん食べられます。（干し椎茸は佃煮に）

＊足しぬかと足し塩：ぬかと塩を足して、よく混ぜ込む。ちょっとしょっぱいかなと思うくらいの塩気に。時々、唐辛子や青山椒の実を入れて殺菌効果＆味のバックアップを。

＊しばらく漬けない時は塩多めの床にして、冷蔵庫保存を。

糠漬け
黄ズッキーニ
きゅうり・人参

発酵野菜サラダとして毎日いただく

actic
acid fermentation

私がぬか漬けを続けるようになったきっかけ――

発酵専門家の友人が店先でぬか床の販売をしていたので、勧められるままに端から試食をして、そのまま店を後にしました。それから1時間後でしょうか、お腹の中から歓喜ともいえる感覚がムクムクと湧き立ってくるのです。「もっとくれ！」と。腸内フローラコミュニティからの主張が、これほどに強いものなのだってことにびっくり。ありゃりゃ、これは抗えないわ。観念して、店に戻ってぬか床ゲット。思い返せば、あの時ストレスから過敏性腸症候群を患っていた私。菌ちゃんが声をあげて私を助けてくれたのだなあと、愛おしい気持ちになります。あなたもお腹の菌ちゃんに、呼ばれている気がしませんか？それならまずは気軽に始めてみましょう。失敗は大目にみて。それが楽しく続けるコツだと思います。

国境なき麹(糀)菌

中国伝来の麹(糀)ですが、私たちが利用している味噌・しょうゆ・味醂・酢・酒などに使う麹は、米・麦・大豆などを蒸して"ニホンコウジカビ"という日本独自の「麹菌」というカビをまぶして醸したもの。麹を使った調味料は、菌がタンパク質や澱粉を分解して、旨みと甘味の強い味を出してくれます。だから、化学調味料に頼らなくとも、料理をラクに美味しくしてくれるのです。私の小さい時分は、縁側の暖かい部屋で麦麹を醸していました。九州は麦味噌文化なので、麦麹が欠かせないわけです。発酵熱と共にプーンと甘い麹の香りが漂ってくると、私はいても立ってもいられずに、固まりかけの温かな麦を盗み食いしていましたっけ。

麹を使った保存食品は、全国各地の郷土食として脈々と受け継がれてきましたが、今も変わらず進化を遂げています。麹菌のバリエーションは、和食だけに留まりません。万国のお料理とも絶好調のマリアージュ！ まずは、甘酒と塩麹、作っちゃいましょう。

＊イラストでは米麹を表す「糀」という字を使っています。

塩麹と甘酒

手づくりの塩麹の良さは、安価にたっぷり作れること。そして自分で醸すよろこびと愛着。生きているものをいただく実感があります。塩麹づくりでポピュラーなのは、米麹・塩を混ぜて熟成させる方法。ここでは、"甘酒から作る塩麹"をおすすめしたい。

甘酒をつくる → 塩麹を仕込む

この２段階でつくります。

温度と時間さえ管理してあげれば、勝手に醸されてくれるので、難しいことはなし。甘酒から作る塩麹の特徴は、甘じょっぱさのバランス！ 最初にしっかり甘みを出してから、熟成させるからです。甘いとしょっぱいのコンビは、照り焼きやすき焼きのタレがそうであるように、食欲をかきたてますね。甘酒を仕込むついでに塩麹もつくっておこう。そんなノリで気軽に作ってください。

● 甘酒からつくる塩麹　レシピ

甘酒（出来上がりたっぷり約2000ccの場合）の材料

もち米（うるち米でもOK）——— 500cc
水 ——————————— 1500cc
米麹 —————————— 500g（700cc）

作り方

1. 炊飯器に洗ったもち米と水を入れて、おかゆモードで炊く。
   ＊圧力鍋でお粥を炊く場合：洗ったもち米と水を入れて、火にかける。
   圧がかかったら弱火にして10分、火を止めて蒸らす。
   保温機能の炊飯器に移すか、保温できる場所を用意しましょう。

2. 65〜70℃まで冷めたら、麹を混ぜ入れる。
   混ぜた時の温度は60℃が理想。（温度計があると便利）

3. 保温モードにしてフタを少し開け、乾燥しないようにきれいなふきんなどをかぶせて50〜60℃に保って6〜10時間、甘さがしっかり出てくるまで保温する。

4. 美味しい甘酒ができあがり。つぶつぶが好きならそのままで、なめらかがよければミキサーにかけてピュレにします。

5. ここから塩麹づくりです。出来上がった甘酒の約半量（1000cc）を保存容器に入れ、塩80gを混ぜ入れる。塩の量は加減してOK。多いと保存性がよくなります。一晩冷蔵庫で寝かせて、味をなじませたらできあがり！

＊半分は、甘酒としていただきます。ボナペティ！
＊もち米で作ると濃厚な甘味、うるち米（＝普段食べているお米）で作ると甘味穏やかな仕上がりです。

● SOYナゲットの甘酒だれ

材料（4人分）
SOYミート（大豆タンパクのナゲットタイプ）20個

〈下煮〉
水またはベジブロス ──── 200cc
昆布 ──────────── 1片
酒 ───────────── 大さじ1
しょうゆ ────────── 大さじ1
GGP ───────────── 小さじ1

〈甘酒だれ〉
煮きり酒 ───────── 60cc
甘酒 ──────────── 40cc
しょうゆ ────────── 大さじ2
ニンニクのすりおろし ──── 小さじ1/2

片栗粉 ──────────── 大さじ3
米粉 ──────────── 大さじ3
揚げ油 ──────────── 適宜

〈トッピング〉
玉ねぎのスライス、貝割れ大根　適量

作り方

1. 大豆ミートを湯戻しする。水洗いし、軽く水気をしぼる。
2. 鍋に〈下煮〉の材料をすべて合わせる。
3. 大豆ミートを加え、火にかける。沸騰したら軽くフタをして、中〜弱火で5分ほど、煮汁がほぼなくなるまで煮る。火からおろし、そのまま粗熱をとる。
4. 〈甘酒だれ〉を作る。小鍋に〈甘酒だれ〉すべての材料を加え、ひと煮立ちさせる。
5. 大豆ミートに片栗粉、米粉をまぶし、もみ込む。
6. 中温の油で、表面がカリッときつね色になるまで揚げる。
7. 油を切り、器に盛り、甘酒だれをかけ、トッピングを乗せる。

● 塩麹カレーペースト

日本の発酵食品とスパイスは相性抜群！ 常備しておくと、いつでもカレー風味のごはんが楽しめる調味料です。カレーの旨味・辛味が足りないなってときに、ひとさじ加えるのもGOOD。五味のバランスが絶妙です！

材料（作りやすい分量）

なたね油	大さじ1
GGP	小さじ1
カレー粉	小さじ2
レッドチリパウダー（唐辛子粉）	好みで
塩麹	大さじ3
レモン汁	好みで

作り方

1. 小鍋に油をあたためる。
2. GGPを加え、香りを出す。
3. カレー粉、好みでチリパウダーを加えて混ぜる。
4. すぐに塩麹を加え、火を入れて、油が分離してきたら火を止める。

味噌を作ろう！

私のお味噌作りは、思い立ったとき！ 一般的には春先の寒い時期に仕込んで、春夏の暖かさで熟成させて約半年で完成ですが、配合は様々に、「いい加減」に仕込んでいます。仕込む量も大豆数キロのときもあれば1キロのときも。それなりに工程があるので、お家の味噌作りはあまりハードルを高くしたくないなというのが本音です。ビニール袋で作るのもズボラ感があってモチベーションアップ。大豆に対して麹を多くすると甘みと旨みがアップし、塩が多いと作りやすさと保存性がアップします。ここでご紹介するのはシンプルで保存性も良い、私の基本のお味噌の配合です。

● 大豆味噌

材料

大豆	1kg
米麹	1kg
塩	500g

作り方

1. 大豆を洗い、3〜4倍量の水に一晩から1日浸水し、完全に戻す。

2. 鍋に入れて大豆がかぶる量の水を加えて火にかける。吹きこぼれないように火加減をして、泡をすくい取りながら煮る。（取らなくても悪いものではない）＊途中大豆が顔を出しそうであれば差し水を。

3. 親指と小指でつぶせるくらいのやわらかさになるまで煮えたら、ざるにあげる。

4. 煮汁はとっておいてボウルに塩の9割弱と麹とをまんべんなく合わせる。（塩切り麹）

5. 大豆があたたかいうちに丈夫なビニール袋に入れて麺棒などでつぶす。

6. 人肌くらいになったら、塩切り麹と混ぜ合わせる。耳たぶくらいの固さを目安に煮汁で固さを調整して、大きな団子状にまとめて味噌玉をつくる。

7. 清潔な容器の底に残りの塩の一部を振り入れて、味噌玉を投げ入れる。（隙間をつくらないため）

8. きっちり詰めたら表面をならして、脇についた材料は拭き取る。（カビの発生を防ぐため）

9. 表面に塩をまんべんなく振って、丈夫なビニールでカバーし空気を追い出す。重石を乗せたら新聞紙などでふたをする。

10. 室温で熟成させる。時々チェックして、カビが発生していたら取り除き、塩を振ってケアする。

● クルミ味噌

すり鉢で粗くつぶしたクルミを油で炒めて、味噌、みりんを加えて全体が絡まって、お好きな味に整えて出来上がり！

Miso〜！

人が暮らす温度帯が好き　　しっかり空気を抜いて密閉して

大豆味噌　　ひよこ豆味噌

● ひよこ豆味噌

ひよこ豆味噌はまろやかでクリーミーな味わい。お味噌汁に、ディップに、洋風煮込みの旨みにもおすすめ。

● 味噌汁をつくる

材料
出汁
具になる食材（食べやすい大きさにカット）
味噌
薬味になる食材を何か一つ
（ネギ、シソ、三つ葉、柚子の皮、ふきのとうetc）

ごはんとお味噌汁と発酵のお漬物。これだけで、体に沁み入るごちそうです。

作り方

1. 出汁で具材を煮て、味噌を溶き入れる。器に入れ、薬味を散らす。

   ＊味噌の量は出汁180cc（味噌汁1杯分）＋野菜に対し味噌大さじ1を目安に、好みで調整する。

   ＊味噌の香りと酵素を活かすため、味噌を入れたら煮立たせず、あたためるときはふわっと沸きあがるくらいで火を止めるように。

● 出汁をとる（お味噌汁約4杯分の目安として）

材料

水	720cc
出し昆布	10センチ長さ1枚
干し椎茸	1枚（干し椎茸スライスも便利）
切り干し大根（好みで）	ひとつかみ（甘味が出る！）

出し昆布

スライス干椎茸

作り方

〈水出しの場合〉
材料を合わせ一晩置く。
火にかけて煮立ったら出来上がり。

〈煮出しの場合〉
カットした昆布、干し椎茸スライスを使うと便利。
できれば30分〜1時間おいて、弱火から煮出す。

＊出汁を取った後の昆布と椎茸は、そのまま具材として一緒に煮ていただく他、小さくカットして冷凍庫にコレクションしておき、量がまとまったら佃煮にすると美味しいです。

111

COLUMN 7

プロヴァンスの味噌づくり

旅行中のカンボジアで、ジャングル奥地の集落で出会ったフランス人の年配カップル。軽く立ち話をしただけなのに仲良くなることってあるものです。連絡先の紙切れを取り交わし、お付き合いが始まりました。奥さんのジョセリンはお料理が大好き、そして大の日本食・ビオ（＝Bio、オーガニック）好き。メッセージやクリスマスカードには、日本はいつか行ってみたい国だと、日本想いがほとばしっています。地元のビオショップ（自然食品店）で日本食材を買っては、自分なりに楽しんでいたジョセリン。ついに来日が叶ったときは、旅先で料理の一つ一つに好奇心が止まらない様子でした。

あるとき、私が仕事で向かったパリで日本の蔵元から麹を分けてもらいました。「ジョセリンに食べさせたい！」その麹を手土産に、老後は暖かい場所で過ごしたいと、スイス国境の雪深い町から南仏プロヴァンスに移住した二人を訪ねました。

ジョセリンに、「味噌作る？」と尋ねると、目を輝かせて「ウィ！」味噌作りの準備は、前日から一晩大豆を水に漬けて戻すところから始まります。そうそう、今回は大豆とひよこ豆の2種類同時に仕込みます。すっきりとしたキッチンには、1キロの大豆が吹きこ

ぼれの心配なしに茹でることができる大きな鍋はどこにも見当たりません。いくつかの鍋を使い回し、試行錯誤しながら時間をかけて、どちらの豆もなんとか煮えました。豆を潰すのにはフードプロセッサーを使ったり、ビニール袋に入れてワインボトルを転がして潰したりと、あるもの総動員です。なんとか粗めのペーストになった大豆とひよこ豆。麹とフランスの海塩と大豆が合わさります。プロヴァンスと日本が出会って、ちょっと感慨深い瞬間。豆と格闘が続いたので、息抜きにカフェにでも行きたいところですが、もうひと頑張り、二人で味噌玉を作ります。熟成には、樽や大きな容器を用意させてハードルを高くしたくなかったので、大きめのチャック式の"密閉ビニール袋作戦"にしました。味噌玉を空気が入らないように気をつけながら（少しは入っちゃうのですが）詰め込んで、密閉！「たまり」が漏れないように、さらにビニール袋に包んで。ひよこ豆バージョンも同様に作りました。リビング側のパントリー（食品庫）で熟成させること数ヶ月——。酵母が吐くガスを抜くためにときどき開けて、時には袋の上からやさしくマッサージ（天地返し）。そして良い香りが漂ってきたら味見をしてね、と伝え、私は日本から見守ることにしました。樽も重石も使わない、暖かい部屋で熟成させるお味噌はどうなることやら、と内心ヒヤヒヤしながら便りを待ちました。数ヶ月のうちによい香りが漂ってきて、麹もやわらかく馴染んでいき、ついには「とっても美味しいんだけど使い始めていい？」とジョセリンから嬉しい知らせが！
かくしてプロヴァンスの味噌作りは、大成功となりました。味噌汁や味噌炒め、味噌和え、酢味噌も教えておいたので、その後長らくプロヴァンスで味噌料理を楽しめたことと思います。

捨てないで！そこまで食べる？ 食べられる！
植物の力を生かして、循環していくエネルギー

これまで捨てていたようなところが、実は、、、うまいではないか！！
皮・根・軸・芯。普通なら捨てられてしまう、端っこ（エッジ）には、美味しさがギュッと詰まっています。オーガニックで力みなぎる健康野菜なら、なおさら、うまく活かす方法を考えてみましょう。

皮

お料理で使ったレンコンの節の部分と皮は、丁寧に刻んでごま油で炒め、味噌やしょうゆをからめると、ごはんがススム系の一品になります。ただし、皮はそもそも外界から自分のカラダを守るもの。固かったり、アクがあることも。そんなときは皮を剥きますが、オーガニックに育った野菜ならとくに、ただ捨ててしまうのはもったいないかもしれません。たとえば人参。冷凍してとっておいて、スープストックに使います。

根

ネギやせり、ミツバの根っこは、きれいにお掃除して、美しい扇型の天ぷらになります。ほろ苦さが効いた珍味です。パクチーの根っこは、タイ料理のベースに欠かせない食材。つぶしてアジア系料理の出汁にしたり、すり鉢で潰して、ニンニクやショウガと一緒に炒め、スパイスを効かせたベースをつくります。セロリの株元部分も香りのカタマリです。

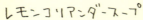

種・ヘタ

ゴーヤの種もワタも食べられる！と知ったのはインド料理から。1センチ弱の厚さにスライスし、ターメリックと塩と油をまぶして、スキレットでじっくりと両面を焼きます。カリッとした種の歯ごたえはむしろ心地のいいアクセント。天ぷらも味噌炒めもワタごと種ごと使っています。季節が進むにつれ種は成熟して硬くなっていくので、そのときまでのお楽しみ。

新鮮なピーマン、これも丸ごといっちゃいましょう。（虫食いの穴がないか、チェックして）オリーブ油と塩をまぶしてスキレットで蒸し焼きにします。とくに中まで加熱されると種はとろりと新食感。軸まで食べれる。ジュッとおしょうゆを垂らしたりしたら、もう鍋底のジュースまでごはんを入れていただきたくなるくらいの旨みです。

「一物全体」という言葉があります。食べ物も私たちの体と同じで、切り離せないまるごと一つの命。精製しない全粒の穀物を食べるのも一物全体ですし、胚芽米のごはんに糠漬けを添えるのも周り巡って一物全体です。使いきれなければ土に返すのも一物全体。そんな大らかな巡りの感覚で、愛おしい端っこにも思いを馳せてみてください。

COLUMN 8

香る黄金ベジブロス

ベジブロスは、スープストックやブイヨンと同義語で、お野菜から作るお出汁のことです。端っこ野菜でつくれば、旨みや香りの豊かなベジブロスができます。本当に端っこ野菜でおいしい出汁ができたかどうか、チェック方法教えます。味見用のお椀に、塩ひとつまみと合わせ、飲んでみます。それだけで美味しいおすまし、またはコンソメスープだと思えたら、ばっちりです。

ここでもうひとつベジブロス指南を。普段、野菜を茹でたあと捨てていた茹で汁、香りを嗅いだり味見したりしてみてください。美味しければそれもベジブロスです。ベジブロスを作るには、まずは毎日出る端っこ野菜を密閉袋に入れて冷凍庫にためておきます。天日で干し野菜にしてとっておくのもおすすめです。そして美味しいベジブロスで美味しいお料理をつくるために、

1.土や汚れがついていたらよく洗うこと

2.傷んでいる部分や鮮度が悪いものはもちろん使わない

この2つは守ってくださいね。

こんな端っこ野菜でつくろう

きのこの軸
玉ねぎの薄皮や芯
人参の皮や軸
大根の皮やしっぽ（天日干しがおすすめ）
じゃがいもの皮
（青い部分や芽の部分は使わない）
ピーマンのヘタや種
トマトのヘタまわりや皮
白菜・キャベツ・ブロッコリ・カリフラワーの
外葉や芯
ネギの薄皮
ニンニクの芯
とうもろこしの芯
かぼちゃのワタやタネ

アジアン・中華・洋風に合う端っこ野菜:

セロリの筋・皮・葉っぱ・芯
バジルやパセリの茎
パクチー（コリアンダー）の根
ショウガの皮

ベジブロスの作り方

1 端っこ野菜がしっかりかぶるくらいの量の水とともに鍋に入れて火にかける。

2 沸騰したらコトコトとやさしく煮え立つ程度の火加減で、20分ほど煮出す。アクは気になるようならすくいとる。目の細かいざるでこして、出来上がり。

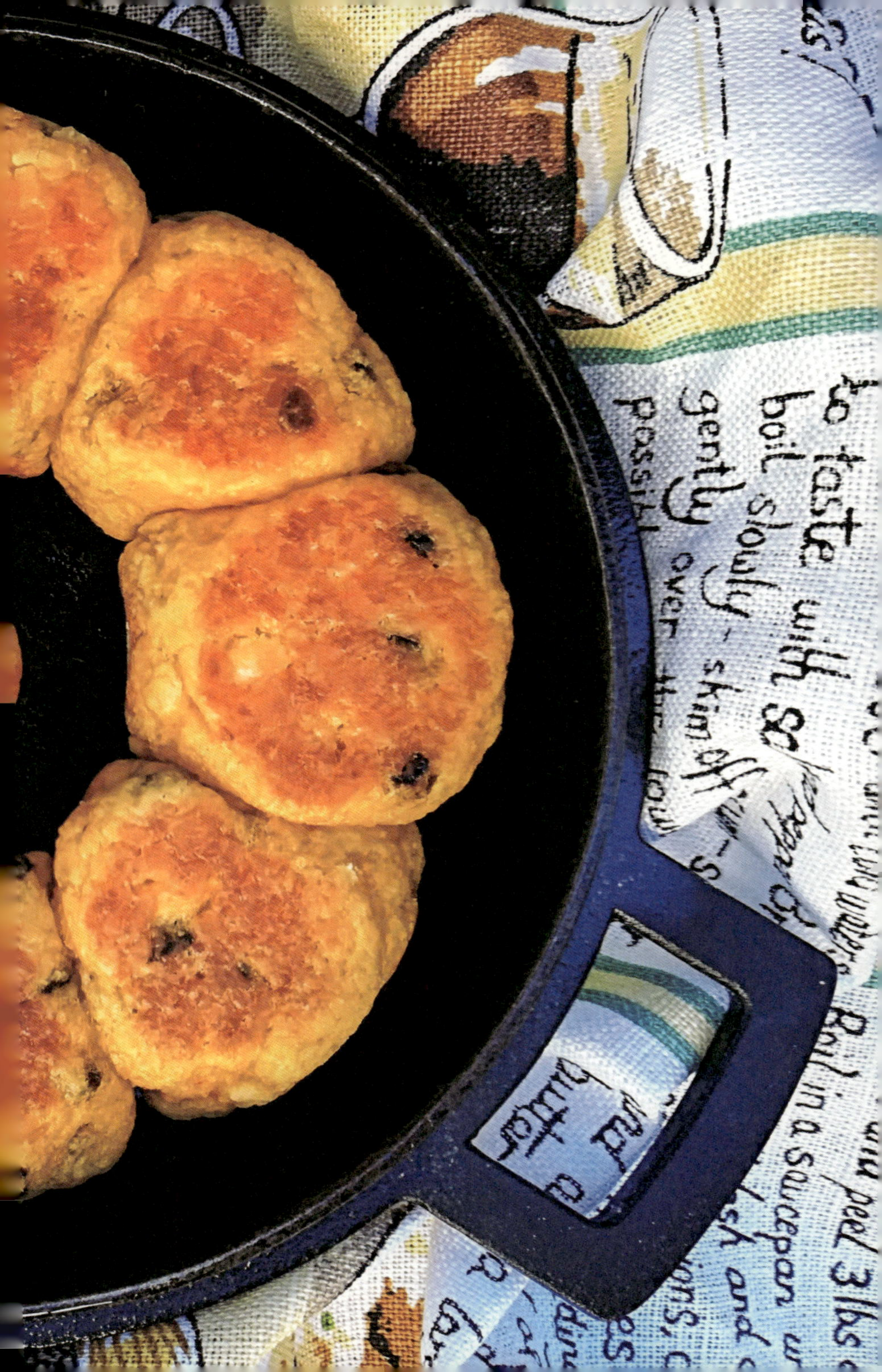

to taste with
boil slowly
gently
Boil in a saucepan

On a Snowy Winter Day
小雪ちらつく冬の日の あたまるごはん

白菜とビーツの サラダ
その日のヴィネ グレットで

大根の 香味漬
ひまわりの種
キウイ
だいだい

人参たっぷり キャロットライス

備前焼の 器に盛って

ヤーコンの フライ SOYマヨ タルタルソース

のらぼう菜と 芋がらのアーリオオーリオ
塩糀をかくしり味にして

きのことかぼちゃの 豆乳チャウダー

8栗の杜

植物料理研究家 **YOSHIVEGGIE**
（ヨシベジ）

1970年生まれ、長崎県出身。20代のときに原因不明の湿疹がきっかけで自然食に出会い、料理の道に入る。植物料理研究家として各国の伝統料理を現地の農家に滞在して学ぶ。東京でのレストラン経営を経て、山里に暮らしの場を移し、古民家カフェ「なないろごはん」のオープンと運営に関わる。現在はカフェの料理プロデュースに携わる他、インナーチャイルドセラピストとしての顔も持つ。

Recipe
覚書き

―― 本書レシピについて ――

- レシピ中には実際の覚書きそのままに、分量の記述がないものもあります。"五感"を使って"食材"との対話を楽しみながら決めていきましょう。

- 油
  圧搾なたね油、エクストラバージンオリーブ油を使用（好みの油で代用）。

- 砂糖
  きび砂糖またはてんさい糖を使用。オリゴ糖シロップ（てんさいから作った液体甘味料）はアガベシロップ、メープルシロップ、はちみつなどで代用できます。

- 小麦粉
  国産の小麦粉を使用。地粉(じごな)とも呼ばれる中力タイプ。

- 南部鉄器のパン焼き鍋（直径約16cm）
  本書では直火使用。オーブンで焼く場合は180℃で、直火と同時間を目安に。他のケーキ型で応用できます。時間や温度は加減してください。

- GGP＝ガーリックジンジャーペーストの略（**P73**参照）

- ml＝cc　　t1＝小さじ1＝5cc　　1カップ＝200cc
  　　　　　T1＝大さじ1＝15cc　　1合 ―― 180cc

128

Recipe 覚書き

P22-23
せりごはんと
つくしの踊り食い

●せりごはん

せりはやわらかい茎を生え際から摘みます。
（こうすると切り口からまた生えてくるので）

材料
せり、ごはん、塩

作り方
1 せりはやわらかい茎を株元の白い部分から
   採る。
2 鍋にお湯を沸かし、ひとつまみの塩ととも
   に軽く茹でる（再び煮立ったくらいでOK）。
3 冷水にさらしてしぼり、刻む（＊苦味が強い
   時はさらす時間で調整して）。
4 塩を適量まぶして味をつけ、温かいご飯に
   混ぜる。

●つくしのさっと煮

材料
つくし、万つゆ、塩

作り方
1 つくしはハカマを取り除く。アタマにある
   胞子が苦味と濁りの原因になるので、好み
   で適宜取り除く。（私は半分ほど残して楽
   しみます）
2 鍋にお湯を沸かし、ひとつまみの塩ととも
   につくしを軽く茹でる（つくしを入れて、再
   び煮立ったくらいでOK）。冷水にとって
   水切りする。
3 鍋につくしとひたひたの万つゆを入れて煮
   立たせ、味がついたら出来上がり。

●菜の花・大根・油揚の味噌汁

材料
出汁、菜の花、大根、油揚げ

作り方
1 菜の花はさっと茹で、一口大にカットする。
   大根は短冊切り、油揚げは細切りにする。
2 出汁で大根をやわらかくなるまで煮て、味
   噌を溶き入れる。
3 菜の花、油揚げを加えて火を止める。

●じゃがいもと赤レンズ豆の
カレー風味コロッケ

材料（10個分）
じゃがいも　中5個
玉ねぎ　1/2個（スライス）
赤レンズ豆　50cc（洗ってひたひたの水で戻す）
GGP　小さじ1
トマト（ダイスカット缶）　50cc
クミンシード　小さじ1/2
カレー粉　小さじ2
塩麹　大さじ1
塩、パン粉、小麦粉、なたね油

作り方
1 じゃがいもは竹串がすっと通るやわらかさ
   になるまで、丸ごと蒸し焼きにする。粗
   熱がとれたら皮をむいてつぶす。
2 フライパンに油をあたため、クミンシード
   を入れ、香りを出す（テンパリング）。
3 玉ねぎを加え、振り塩をしてしんなりとす
   るまで炒める。
4 GGP、カレー粉を加え軽く炒める。
5 トマトと水切りした赤レンズ豆を加え、火
   を強めて炒める。焦げそうなら差し水をし
   て、レンズ豆に火が通るまで炒め煮する。
   塩麹と塩で、少し濃いくらいに味を整えな
   がら、水分をとばし、火から下ろす。
6 じゃがいもを混ぜ合わせ、味を整える。
7 10等分し、3センチ厚さの丸型にまとめ、
   衣をつけて揚げる。

● ヤブカンゾウの白和え

ヤブカンゾウ（またはノカンゾウ）は春先、根元の色白の部分が多い15センチ未満ほどの若い株を摘んで。

材料

ヤブカンゾウの若芽（ひとつかみ）
豆腐　1/2丁
人参　1/4本（短冊切り）
こんにゃく　50g（短冊切り）
万つゆ、塩、ひまわりの種

作り方

1　白和え衣をつくる。豆腐はひたひたの水と塩ひとつまみとともに鍋に入れて火にかけ、煮立ったら弱火にして1-2分茹で、ざるにあげる。軽く重石をして1時間ほど水切りする。すり鉢に入れ、粗めにつぶす。

2　鍋にお湯を沸かし、ひとつまみの塩とともにヤブカンゾウを軽く茹でる（根元部分が芯までやわらかくなったらOK）。冷水にさらしてしぼり、ざく切りする。万つゆ適量をまぶして下味をつける。

3　こんにゃくは塩ひとつまみを入れた湯で2分ほど湯がいてアク抜きする。

4　こんにゃくと人参を小鍋に入れ、水と万つゆ1:1のひたひたのつゆとともに火にかけ、煮汁が少なくなるまで煮て下味をつける。粗熱をとる。

5　白和え衣にすべて合わせ、さっくりと和える。

● 大根のアラビアータ

材料（4人分）

大根　いちょう切り　400cc
ニンニク　1片　みじん切り
オリーブ油　大さじ1
トマトピュレ　150cc
塩、パセリ

A

玉ねぎ　60g　みじん切り
ベイリーフ　1枚
タイム、レッドチリ、コショウ

作り方

1　大根は塩ひとつまみ入れたかぶるくらいの湯でやわらかくなるまで茹で、ざるにあげる。（ゆで汁はみそ汁などに使えます）

2　フライパンにオリーブ油をあたためる。ニンニクを入れ香りが立ったらAを加え、振り塩をしてしんなりするまで炒める。

3　大根とトマトピュレを加えて火を強め、煮立ったら火を弱め、油とソースが分離してくるまで時折混ぜながら煮詰める。

4　味を整えて器に盛り、パセリをふる。

● 畑のケールとレタス、キヌア、新玉ねぎのサラダ さっぱり梅酢ドレッシング

材料

キヌア　50cc
ケール、レタス、新玉ねぎのスライス

さっぱり梅酢ドレッシング：すべて混ぜ合わせる

しょうゆ　大さじ1、梅酢　大さじ2、
なたね油　大さじ2　コショウ適宜

作り方

1　キヌアをプチプチの食感に茹でる。キヌアはさっと洗ってひたひたの水とともに鍋に入れ、火にかける。沸騰したら弱火にして10分ほど茹でる。粒の回りに輪が生まれ、中心がアルデンテに煮えたら、目の細かいざるにあけ、よく水切りする。

2　新玉ねぎ、ケール、レタスとともに器に盛り、キヌアをトッピングしてドレッシングをかける。

P 24-25

長葱と冬越しじゃがいもの
ポタージュ

● 長葱と冬越しじゃがいもの
ポタージュ

材料（4-6人分）

長ネギ　2本（スライス）
じゃがいも　中4個（皮をむいて一口大にカット）
塩、コショウ、オリゴ糖シロップ、豆乳

作り方

1 鍋に長ネギとじゃがいもを入れ、ひたひた
の水、塩ひとつまみとともに火にかけて、
やわらかくなるまで煮る。
2 ミキサーにかけてなめらかなピュレにする。
3 鍋にもどし調味料で味を整え、火にかけて
豆乳で好みの濃さにのばす。

● アボガド・コーン・トマトの
豆乳ヨーグルトサラダ

材料（4人分）

A

アボカド　1個（一口大にカット）
トマト　1個（一口大にカット）
とうもろこし（缶 または 茹でたもの）　100cc

ヨーグルトソース

水切り豆乳ヨーグルト　200cc
　（ヨーグルトをコーヒーのペーパーフィルターで
　水切りしたもの）
ニンニクのすりおろし　小さじ1/2
レモン汁　小さじ1
塩

作り方

1 ヨーグルトソースの材料を混ぜ合わせる。
2 Aと和える。

● 舞茸のグリル、天然塩で

材料

舞茸、オリーブ油、塩、コショウ

作り方

1 舞茸は大きめに割り、ボウルに入れて、油
で軽く和える。（グリルのページ参照）
2 グリルパンまたはフライパンを火にかけて
熱くし、中～強火にてヘラで軽く押しなが
ら色よく両面を焼く。
3 塩、コショウをふる。

● 高きびカシューボール

材料

高きび（炊いたもの）　500cc
なたね油　小さじ2
ケチャップ　小さじ2
カシューナッツ　50cc
小麦粉、塩、コショウ、揚げ油

A

ニンニクのみじん切り　小さじ1
ショウガのみじん切り　小さじ1
玉ねぎのみじん切り　1/2個分

B

万つゆ　大さじ3
水　大さじ2
水溶き片栗粉　適宜

作り方

1 フライパンに油をあたため、**A**を炒める。
高きびを加え、ケチャップ、塩、コショウ
で下味をつける。
2 生地がまとまる量の小麦粉を混ぜ入れる
（全体の1/4以下が目安）
3 カシューナッツを混ぜ入れ、一口大のボー
ルにまとめる。
4 小麦粉をまぶし、中温の油で揚げる。
5 小鍋に**B**を合わせて混ぜながら火にかける。
煮立ってとろみがついたら1分ほど火を入
れてあんをつくり、高きびボールをさっとく
ぐらせる。

● 五色大豆のなんばん酢

材料

大豆、刻み昆布、南蛮酢（**P56**参照）

作り方

1　大豆は洗って3倍量の水で一晩もどす。歯応えが残る程度に煮てざるにあげる。
2　大豆と刻み昆布を南蛮酢に漬ける。

● のらぼう菜の胡麻よごし

材料

のらぼう菜、万つゆ、黒すり胡麻

作り方

1　のらぼう菜を茹で、食べやすいサイズに切って器に盛る。
2　万つゆと黒すり胡麻を適宜合わせ、かける。

● クルミのほろ苦ドレッシング

材料

くるみ　50g　ローストしすり鉢で粗めにつぶす
リンゴ酢　40cc
梅酢　40cc
しょうゆ　小さじ1
なたね油　60cc
塩　小さじ1
コショウ

作り方

すべて混ぜ合わせる。

● 人参ラペwith甘夏

材料

甘夏（皮と種をとり果肉にする）
人参（皮をむいて千切り）
オリーブ油、塩、きび砂糖

作り方

すべて混ぜ合わせ、マリネする。

P 26-27

夏野菜！ わんさか揚げ浸し

● 夏野菜の揚げ浸し、青ジソ＆ショウガの薬味たっぷりで

材料

茄子　大きめの一口大にカット
かぼちゃ　1センチ厚さにスライス
ズッキーニ　1センチ厚さの輪切り
ピーマン　丸ごと
じゅうろくささげまたはインゲン、オクラ
＊ピーマン、ささげ、オクラは破裂しないように竹串で数カ所穴を開ける。

マリネ液（すべて合わせる）

玉ねぎ　1/2個分　スライス
赤唐辛子　1本　輪切り
万つゆ　200cc
黒酢　大さじ2
米酢　大さじ3
塩

トッピング　千切り

青ジソ、ショウガ

作り方

1　野菜を素揚げして、油を切ったら熱いうちにマリネ液に漬ける。
2　青ジソとショウガをトッピングする。
　　＊オクラは揚げずに色良く茹でたものをマリネしてもOK。
　　＊トッピングの野菜は水を入れたボウルの中で合わせ、ざるにあげよく水切りすると、ふんわりとミックスされたトッピングになります。

● 五穀豊穣ミニバーグのトマトソース

材料

大豆　250cc やわらかく煮て水切り
高きび　125cc 1.2倍の水で炊く
玉ねぎ　1/2個 みじん切り
人参　1/2本 みじん切り
なたね油、塩、コショウ

A

ひまわりの種　50cc
ケチャップ　大さじ1
しょうゆ　小さじ1と1/2
塩　小さじ1弱

B

片栗粉　小さじ1と1/2
米粉　100cc

作り方

1 玉ねぎと人参を油で炒め、塩、コショウし、甘くしんなりとしたら火からおろしボウルに移す。
2 大豆、高きび、Aを加え、混ぜ合わせる。（味見ポイント！）
3 Bを加え混ぜ合わせ、食べやすい大きさに分け、丸く形を整える。
4 ハケで油を塗り、180℃に予熱したオーブンで10分ほど、こんがりと焼き色がつくまで焼く。（オーブンがなければフライパンで焼いてもOK）
5 トマトソースでいただく。

☆トマトソース

材料

ホールトマト　400cc　つぶす
ニンニク　1かけ　みじん切り
玉ねぎ　1/2個　みじん切り
オリーブ油　大さじ1
塩　小さじ2
ベイリーフ　1枚
コショウ、タイム、オレガノ、パセリの茎、バジルの茎（あれば）

作り方

1 鍋に油をあたため、ニンニク、玉ねぎ、ベイリーフを入れて振り塩をして、しんなりとするまで炒める。
2 トマトとその他の材料を加えてコトコト煮る。ソースと油が分離してきたら味を整える。

●人参オニオンドレッシング

オニオン旨みドレッシング（**P59**）の玉ねぎの半量を人参に変えてつくる。

●じゃがいもの蒸し焼き、シソジェノベーゼ

材料

じゃがいも
シソジェノベーゼ:
青ジソ、かぼちゃの種、塩、なたね油

作り方

1 じゃがいもは厚手の鍋で蒸し焼きにする。（または蒸し器で蒸す）
2 シソジェノベーゼをつくる。ミキサーに洗ってよく水切りした青ジソを入れ、青ジソのかさの約1/4量のかぼちゃの種、青ジソのかさの1/2量のなたね油を入れてかくはんする。塩を加えてかくはんし、味を整える。
3 じゃがいもにシソジェノベーゼを添えていただく。

●大根間引き菜の炒め煮、ヘンプ入り

材料

大根間引き菜　刻む
刻み昆布（好みで）戻す
なたね油、しょうゆ、みりん、塩、砂糖、ヘンプナッツ

作り方

1 フライパンに油をあたため、刻んだ間引き大根を入れ、振り塩をして炒める。刻み昆布を好みで入れる。
2 調味料で味をしっかりめにつけて火からおろす。
3 ヘンプナッツをたっぷり和える。

●そうめんかぼちゃのSOYマヨ

材料

そうめんかぼちゃ　茹でてほぐしたもの
SOYマヨネーズ、塩、コショウ

作り方

そうめんかぼちゃをSOYマヨで和える。必要があれば塩、コショウで味を整える。

133

●呉豆腐のデザート仕立て

材料

呉豆腐

片栗粉　50cc
本葛粉　大さじ1/2　水大さじ1強でふやかし、
溶く
塩　少々
豆乳　300cc
ココナッツミルク　200cc

トッピング

好みのフルーツ、ジャム、シロップなど、
好みで

作り方

1　呉豆腐の材料をすべて鍋に合わせ、よく混
　　ぜ溶かす。
2　中火にかけ混ぜながら加熱する。煮立った
　　ら弱火にして3分ほど、絶えず鍋底からか
　　き混ぜ練る。ねっとりと重くなったら火か
　　らおろし、器に移して常温で冷ます。
3　粗熱がとれて固まったら、トッピングをし
　　ていただく。

P28-29

シンプルリシティ
バジルのスパゲティ

●バジルのスパゲティ

材料

スパゲティ、ジェノベーゼ

作り方

1　鍋にたっぷりの湯を沸かし、塩ひとつまみ
　　を入れスパゲティを茹でる。(ジェノベー
　　ゼの塩味を考えて、茹で水の塩分は控えめ
　　にしておく)
2　湯切りし、ジェノベーゼと和える。

☆ジェノベーゼ(バジルペースト)

材料

ニンニク　1かけ
バジルの葉　ミキサーに詰めて500cc
塩　小さじ1弱
オリーブ油　100cc

作り方

オリーブ油以外の材料をミキサーに入れ、上
からオリーブ油をかける。攪拌してなめらかな
ペーストにする。

＊味見をしながらその日の「いい加減」レシピでつ
くっています。分量は参考までに。
＊コクのあるジェノベーゼにしたいときは、生カ
シューナッツ(または松の実、アーモンド、ひまわ
りの種)を大さじ2ほど加えて。

●固豆腐とたたききゅうりの
塩麹和え

材料

固豆腐(または重石をして水切りした豆腐)
きゅうり、パプリカ、塩麹

作り方

1　パプリカをサイの目に切り、塩麹で和える。
2　きゅうりはすりこぎなどで食べやすい大き
　　さにたたく。
3　固豆腐をほぐし、きゅうり、パプリカを和
　　える。

●2種の茄子のグリル

材料

好みの茄子2種　1.2センチほどの厚さに
　スライスし、さっと水通しして水切り
塩、コショウ、オリーブ油

作り方

1　ボウルに茄子を入れ、調味料をまぶす。
2　厚手のフライパンをあたため、茄子を並べ
　　て色良く両面をグリルする。

● かぼちゃのマッシュ、
ビーツのマリネとひまわりの種

材料

かぼちゃ、ビーツのマリネ、ひまわりの種

作り方

1 かぼちゃは大きめにカットし、蒸し焼きにする。（または蒸し器で蒸す）

2 スプーンで実と皮に分け、実をマッシュする。味がのったかぼちゃならそのままで、味が薄ければ塩で味を整える。

3 器に盛り、ビーツのマリネとひまわりの種を散らす。

＊葉緑素たっぷり、かぼちゃの皮の活用法！
裏漉しして豆乳でのばしながらピュレにします。ポタージュのトッピングとして使うと深い緑色が映えていいアクセントに。食べやすく切って胡麻和えやSOYマヨ和えにしてもgood。

☆ビーツのマリネ

材料

ビーツ、酢（または甘酢）

作り方

1 ビーツはかぶるくらいの水で、皮ごと圧力鍋で10分ほど、または鍋で、竹串がすっと通るやわらかさになるまで煮る。そのままおいて粗熱をとる。

2 手で皮をむいて水切りする。サイコロに切り、ひたひたの酢でマリネする。

● 冬瓜のポタージュ

材料（4-6人分）

冬瓜　450g（正味）　皮をむいて一口大にカット
塩、豆乳、コショウ、かぼちゃの皮のピュレ（好みで）

A

玉ねぎ　100g　スライス
じゃがいも　150g　一口大にカット
ニンニク　1片　つぶす
ベイリーフ　1枚

作り方

1 冬瓜は塩少々（分量外）を入れた湯で5分ほど下茹でし、湯切りをして鍋に戻す。

2 Aとひたひたの水を加え、火にかける。煮立ったら弱火にしてふたをして15分ほど、野菜が完全にやわらかくなるまで煮る。

3 ベイリーフを取り除き、ミキサーにかける。塩・コショウで味を整える。

4 器に注ぎ、かぼちゃの皮のピュレと豆乳を適量トッピングする。

● 椎茸ともちきびの
ガーリックしょうゆ炒め

材料

椎茸（厚めにスライス、軸は薄く縦スライス）
ニンニク（スライス）
もちきび（やわらかく炊いたもの）
なたね油、しょうゆ、塩、コショウ

作り方

1 椎茸にさっと水をまとわせて水切りし、しっとりさせておく。（こうすると焦げにくい）

2 フライパンに油をあたため、ニンニクを入れて香りを出す。

3 椎茸を軸、傘の順に入れてこんがり色よく炒める。塩、コショウで味を整える。

4 もちきびを混ぜ入れ、しょうゆを鍋肌からジュッと回しかけて全体にからめる。

☆もちきびをやわらかく炊く

作り方

1 100ccのもちきびを目の細かいざるで洗う。

2 鍋に倍量の水、塩ひとつまみとともに火にかけ、沸騰したら弱火にしてふたをし、10分炊く。

3 10分ほど蒸らしたのちほぐす。約300ccのやわらかめの仕上がり。

＊余ったものは小分けして冷凍保存しておくと便利。

P30-31
里山憧憬

● 小豆玄米ごはん

材料（約6杯分）

小豆　大さじ3
玄米　400cc
水　630cc
塩　ひとつまみ

作り方

小豆と玄米は洗い、分量の水、塩とともに圧力鍋に入れ、玄米ご飯と同様に炊く。

● かぼちゃのきのこ葛あん

材料

かぼちゃ（食べやすい大きさにカット）
干し椎茸スライス（もどす）
しめじ
万つゆ、昆布出汁、酒、塩、水溶き本葛粉

作り方

1. かぼちゃは昆布出汁で煮て、塩としょうゆ少々で下味をつけ、火から下ろす。
2. しめじと干し椎茸、塩少々を鍋に入れ、酒をふりかけて酒炒りする。しんなりとしたらひたひたの出汁を入れて火を強め、煮立ったら万つゆ、塩で味を整える。
3. 水溶き本葛粉少々を混ぜ入れてあんをつくる。
4. かぼちゃを器に盛り、きのこ葛あんをかける。

● こんにゃくの唐揚げ

材料

こんにゃく　1枚　手でちぎる
塩、揚げ油、小麦粉

A

万つゆ　大さじ3
花椒（ホワジャオ）　ひとつまみ
八角　1片

作り方

1. こんにゃくは塩ひとつまみを入れた湯で3分ほど湯がいてアク抜きし、ざるにあげる。
2. 鍋に入れて空炒りし、**A**を加えて味を煮含める。煮汁がなくなったら火からおろし粗熱をとる。花椒と八角は取り除く。
3. 小麦粉を多めにまぶしつけ、中温の油で揚げる。衣がキツネ色になるまでしっかり目に揚げ、カリッとさせるのがコツ。

● 茄子の味噌炒め

材料

茄子（皮が固ければピーラーでところどこをむいて
　縦半分に切り、大きめのぶつ切り）
なたね油、塩

**味噌だれ:すべて合わせて火にかけ、
とろみがついたらOK**

材料

味噌　50cc
みりん　60cc
塩麹　大さじ2

作り方

1. 茄子に油と塩をまぶし、温めた厚手のフライパンでやわらかく蒸し焼きにする。
2. 味噌だれを適量加え、からめるように炒めたら火から下ろす。

● 古代小麦クラストのアップルパイ

材料（直径16cmの焼き型1台分）

フィリング

りんご　500ｇ（食べやすい大きさにカット）
リンゴジュース　大さじ2
きび砂糖　大さじ1と1/2
塩　少々
カランツ　大さじ2（またはレーズンでもOK）
レモン汁　小さじ1と1/2

クラスト

ドライ（すべて合わせふるう）

小麦粉　100g
全粒粉　50g
スペルト小麦　30g
片栗粉　10g

ウェット

ショートニング（トランスファットフリー）　30g
なたね油　30g
オリゴ糖シロップ　30cc
豆乳　30cc
レモン汁　小さじ1

フィリングのクッション（混ぜ合わせる）

おから　大さじ2
ココナッツフレーク　小さじ2
アーモンドパウダー　大さじ1
塩　少々

グラサージュ（好みで）

アプリコットジャムを同量のリンゴジュースでのばす

作り方

1　りんごのフィリングを作る。フィリングの材料を鍋に合わせて火にかけ、りんごがやわらかくなって煮汁がとろりと残り少なくなったら火からおろして粗熱をとる。
2　クラストを作る。ドライの材料をボウルに入れ、ウェットのショートニングとなたね油を入れて、スケッパーでなじませながら切り混ぜてそぼろ状にする。多少粉っぽくてOK。
3　残りの材料も入れて、さっくりさっくりと、練らないように混ぜ合わせる。多少粉っぽくてもOK。ひとつに軽くまとめてラップなどで密封し、生地を30分ほど休ませる。
4　焼き型に油を薄く塗り、小麦粉をまぶす。
5　型のサイズより一回り大きいサイズにクラスト生地を伸ばし、4に敷く。
6　フィリングのクッションを敷き、りんご煮を詰める。クラストの端を折りたたむ。
7　180℃のオーブンで、20〜30分、こんがりと焼く。
8　グラサージュを焼き上がりの5分前にハケで塗り、照りを出して仕上げる。

●無花果と柿の白和え

材料

水切り豆腐　1/2丁分

A

胡麻ペースト　小さじ1
アガベシロップ　小さじ2
塩　少々

B

いちじく　2個（一口大にカット）
柿　1個（一口大にカット）
ひまわりの種　少々

作り方

1　水切り豆腐をボウルに入れマッシャーで粗くつぶし、Aを混ぜ合わせ少し甘めの白和え衣をつくる。
2　Bを加え、和える。

P32-33

アケビのフリットと
車麩の照焼き

●車麩の照焼き

材料

車麩　4枚
小麦粉（または片栗粉）　適量

A

GGP　小さじ1
紹興酒　大さじ1
しょうゆ　大さじ2
みりん　大さじ2
干し椎茸粉（あれば）　小さじ1
コショウ　適量

照焼きだれ

酒　大さじ3
みりん　大さじ3
しょうゆ　大さじ2
水溶き本葛粉（片栗粉でもOK）　適量

作り方

1 車麩はたっぷりのお湯に浸し、もどす。両
  手で挟むようにして軽くしぼって、1枚を6
  等分に切る。

2 ボウルに**A**を混ぜ合わせ、車麩にやさしく
  もみ込む。

3 照り焼きだれの材料を鍋に合わせて、混ぜ
  ながら火にかける。とろみがついたら火か
  らおろす。

4 車麩に小麦粉をたっぷりまぶし、余分な粉
  をはたく。

5 多めの油を熱したフライパンに入れ、焼き
  色がつくように中火で両面を焼く。

6 照り焼きだれをからめる。

●五目炊込ごはん

材料（4-6人分）

胚芽米　600cc（洗って水切り）
こんにゃく　60cc
　（フードプロセッサーでみじん切りにしてアク抜き）
ごぼう　1/3本（ささがき）
人参　1/5本（粗いみじん切り）
干し椎茸スライス（ひとつかみ）
しめじ　1/2パック
油揚げ　1/2枚（粗いみじん切り）
昆布　1片
水　720cc
しょうゆ　大さじ2
酒　大さじ1
みりん　大さじ1強
塩　ひとつまみ

作り方

1 鍋に胚芽米を入れる。

2 残りの全ての材料を入れ、ふたをして火に
  かける。

3 煮立って吹きこぼれそうになったら火を弱
  めて、15分炊く。

4 火からおろしそのまま10分ほど蒸らして、
  しゃもじで天地返しをする。

●マッシュルームクリームスープ

材料

きのこ（マッシュルーム・しめじ・舞茸・エリンギ・
　椎茸など）　500g　みじん切り
オリーブ油　大さじ1
ベシャメルの素（＊）　大さじ2と1/2
水 または ベジブロス　500cc
豆乳　500cc
塩、コショウ

A　すべてみじん切り

ニンニク　2片
玉ねぎ　150g
人参　25g
ベイリーフ　1枚

作り方

1 鍋に油をあたため、**A**を入れる。振り塩を
  して玉ねぎがしんなりとして甘い香りがす
  るまで中火～弱火で炒める。

2 きのこを加え、振り塩をししんなりして良
  い香りがするまで炒める。

3 ベシャメルの素を振り入れ、よく混ぜる。

4 水またはスープストックを混ぜ入れ、火を
  強める。煮立ったら豆乳を加え、再び煮立
  つ直前に火からおろす。塩、コショウで味
  を整える。

☆ベシャメルの素

米粉　100cc
なたね油　大さじ2
鍋に油をあたため、米粉を入れてヘラでかき
混ぜながら弱火で5分ほど炒る。粗熱をとる。
冷蔵庫で1ヶ月ほど保存可。

●パプリカの塩糀炒め

材料

パプリカ（一口大にカット）
ニンニク（つぶす）
オリーブ油、塩麹

作り方

オリーブ油でニンニクとパプリカを炒め、
塩麹をからめて味を整える。

●アケビのフリット

材料

アケビ、小麦粉、揚げ油、塩

作り方

1 アケビの中身を取り出す。（ゼリー状の甘い
ワタの部分はそのままおやつとして食べて、
黒い種は固いので吐き出します）
2 皮を軽く洗って食べやすい大きさに切り、
天ぷらにする。

P30-31
冬ごもりベジプレート

●高きびローフの人参ソース

材料

高きびローフ

高きび（炊いたもの）
玉ねぎ（みじん切り）
しめじ（みじん切り）
蒸し煮した人参（マッシュ）
クルミ（ロースト）
生落花生（茹でたもの）
なたね油、ソース、塩、コショウ、小麦粉

人参ソース

人参、カシューナッツ、塩

作り方

1 高きびローフを作る。玉ねぎとしめじを炒
め、小麦粉以外の残りの材料を混ぜ合わ
せる。パウンド型に詰めて180℃のオーブ
ンに入れ、中心に火が通るまで30分ほど
焼く。粗熱をとる。
2 人参ソースをつくる。人参は蒸し煮してカ
シューナッツと一緒にフードプロセッサー
にかけ、なめらかなピュレにする。塩で味
を整える。
3 高きびローフをスライスし、小麦粉をまぶ
してこんがりと両面を焼く。

●焼ききのこと長ネギの和風マリネ

材料

好みのきのこ4種（食べやすい大きさにほぐす）
長ネギ（食べやすい長さにカット）
塩、コショウ、オリーブ油、しょうゆ、黒酢

作り方

1 きのこと長ネギはそれぞれボウルに入れ、
塩、コショウ、オリーブ油をまぶし180℃
のオーブンで水分を飛ばすように焼く。
2 容器にきのこと長ネギを合わせて、しょう
ゆと黒酢をふりかけ、マリネする。

●厚揚げと間引き人参葉の塩麹味噌

材料

厚揚げ豆腐

人参葉（軽く茹でてみじん切り）
ハヤトウリ（皮をむいて短冊切り）
ごま油、塩、万つゆ、塩麹、味噌、みりん

作り方

1 人参の葉とハヤトウリを一ごま油で炒め
る。塩と万つゆで軽く味を整える。
2 厚揚げ豆腐を蒸し、1の上に乗せる。
3 塩麹、味噌、みりんを適量合わせ煮詰めて
タレをつくり、上からとろりとかける。

●鉄鍋で蒸し焼きにしたさつまいも

材料

さつまいも

作り方

1 鉄鍋にさつまいも入れて水を足湯程度に張
り、フタをして強火にかける。
2 沸騰したら中弱火、水分無くなってきたら
弱火にし、様子を見ながら30分くらいじっ
くり焼く。
3 竹串がすーっと通り、鍋底に糖がにじみ出
せば、石焼き芋ならぬ、鉄焼き芋の出来
上がり。

● 自家菜園の枝豆とドライトマトの おからSOYマヨ

材料

枝豆　茹でたもの
セミドライトマトのコンフィ＊
おから、SOYマヨ、塩、コショウ、柚子果汁、
柚子の皮のゼスト

作り方

すべて混ぜ合わせる。

☆セミドライトマトのコンフィ

材料

ミニトマト、ニンニクのスライス、タイム（ドライ）、
オリーブ油

作り方

1 縦1/2にカットしてカット面を上にオーブン
   天板に並べて、塩を粉雪が降るようにふり
   かける。
2 乾かすように100℃以下の温風を休み休み
   当てて約1時間、半乾きの状態になるまで
   乾かす。
3 残りの材料とともに、ひたひたのオリーブ
   油に漬ける。

● 長ネギとじゃがいものスープ

材料

ニンニク（スライス）
長ネギ（小口切り）
大根、じゃがいも（小さなサイコロにカット）
なたね油、ベジブロス、塩、コショウ、しょうゆ

作り方

1 鍋に少量の油を温め、ニンニク入れ香りを
   出す。
2 長ネギ、大根、じゃがいもを加え、振り塩
   をして数分炒める。
3 しんなりしてきたらベジブロスを加え、や
   わらかく火が通るまで煮る。
4 塩、コショウ、そして隠し味のしょうゆで
   味を整える。

● かぼちゃのグリル

材料

かぼちゃ（1センチ厚さにスライス）
塩、カレー粉、なたね油

作り方

1 ボウルにかぼちゃを入れ、残りの材料をま
   ぶす。
2 スキレットまたは180℃のオーブンでじっく
   り焼く。

● 赤ピーマンのコンフィ

材料

赤ピーマン（縦1/4にカット）
バジルの穂のコンフィ
塩、なたね油

作り方

1 赤ピーマンに塩と少量のオイルをまぶし、
   スキレットまたは180℃のオーブンで皮が少
   し焦げるくらいにしんなり焼く。
2 バジルの穂のコンフィに漬ける。

☆バジルの穂のコンフィ （バジルオイル）

材料

バジルの花や穂、なたね油

作り方

1 小鍋にバジルの花・穂を入れ、ひたひたの
   量の油を注ぐ。
2 弱火にかけ、温まったら10分ほど、煮立た
   せないように注意して香りを抽出する。
3 火からおろし粗熱をとる。バジルの穂・花は
   食べられる。オイルは香りづけに利用する。

P 36-37

ごちそうをお重に詰めこんで

● もちきびTOFUクリームキッシュ

材料

＜ブリゼ生地＞
ドライ（混ぜ合わせてふるう）

小麦粉　100g
全粒小麦粉　20g
米粉　20g
塩　ひとつまみ

ウェット（混ぜ合わせる）

なたね油　45cc
豆乳　40cc
酢　小さじ1

＜フィリング＞
①豆腐クリーム

木綿豆腐　300g（重石をして水切りする）
小麦粉　大さじ2
片栗粉　大さじ1
オリーブ油　大さじ1
塩・ターメリック　各少々

②もちきび

もちきび　50cc
塩　ひとつまみ
オリーブ油　大さじ1

③具

長ネギ　1本（斜めスライス）
ごぼう　1/2本（ささがき）
じゃがいも　中1個（一口大にカット）
オリーブ油、塩、コショウ

作り方

1　ブリゼ生地をつくる。ドライとウェットを合わせてまとめ、生地にする。型のサイズに合わせて伸ばし、型に敷く。

2　フォークで穴をあけ、オーブンペーパー、タルトストーンを乗せて180℃のオーブンで10分、タルトストーンを外して5分焼く。粗熱をとる。

3　豆腐クリームのすべての材料をフードプロセッサーに合わせ、なめらかなクリームにする。

4　もちきびを炊く。すべての材料を鍋に合わせ、200ccの水で10分炊き、10分蒸らす。

5　フィリングの具をつくる。スキレットにオリーブ油を温め、野菜を入れる。しんなりして良い香りがしたら、ふたをし必要なら差し水をして、材料がやわらかくなるまで蒸し煮する。塩、コショウで味をととのえ、火からおろし、粗熱をとる。

6　ボウルにフィリングの材料をすべて混ぜ合わせる。

7　型に入れて表面をならす。オリーブ油（分量外）を振り、180℃のオーブンで約25分、焼き色がついて竹串に豆腐クリームがついてこなくなるまで焼く。

● 新大豆のナゲット　マサラ味

材料（約18個分）

大豆　200g（一晩もどす）
GGP　小さじ1
玉ねぎのみじん切り　300cc
人参のみじん切り　80cc
スイートコーン　50cc
なたね油、ガラムマサラ、ターメリック、塩、
片栗粉、揚げ油

作り方

1　スキレットに油を温め、GGP、玉ねぎ、人参を炒め、香りが出たらコーンを加え、香辛料、塩、コショウで味を整える。火からおろし粗熱をとる。

2　もどした大豆をフードプロセッサーにかけ、必要があれば適宜水を加え、耳たぶほどの固さのペーストにする。

3　野菜と大豆をボウルに混ぜ合わせ、全体の1～2割量を目安に、つなぎの片栗粉を混ぜ入れる。（1つをテスト揚げし、つなぎの量をチェックする）

4　18等分してまるめ、中温の油できつね色に色づくように揚げる。

141

●ふろふき大根、塩糀ネギ味噌で

材料

大根、昆布、塩、塩麹ネギ味噌

作り方

1 大根は4〜5センチ厚さの輪切りにし、大きければ半月に切る。厚めに皮をむき、面取りをする。火の通りと味の染みが良いように、隠し包丁を入れる。

2 鍋に昆布を敷き、大根を入れ、かぶるくらいの水、ひとつまみの塩とともに火にかける。落とし蓋をして煮立ったら弱火にして、大根がやわらかくなるまでコトコト煮る。

3 ふろふき大根を器に盛り、塩麹ネギ味噌を乗せる。

☆塩麹ネギ味噌

材料

長ネギ　1本（みじん切り）
塩麹　大さじ2
味噌　大さじ2
みりん　大さじ2
なたね油　小さじ2

作り方

鍋に油をあたため、長ネギを炒める。しんなりとしたら残りの材料を加え、味がなじんだら火からおろす。

●大根の皮と人参のきんぴら

材料

大根の皮
人参（大根の半量）
ごま油、しょうゆ

作り方

1 大根の皮は細切りにする。人参も同じサイズにカットする。

2 フライパンに油をあたため、大根と人参を中弱火で炒める。

3 しょうゆを回しかけて味を整える。

●こんにゃくの和風A.O.P

材料

こんにゃく　1枚
ニンニク　1片（スライス）
唐辛子　1本（輪切り）
オリーブ油　大さじ1
万つゆ、塩　コショウ

作り方

1 こんにゃくの両面に、格子状に切り込みを入れる。一口大にカットする。塩茹でしてアク抜きし、ざるにあげる。塩、コショウをふる。

2 厚手のフライパンに油をあたため、ニンニクを入れ、香りが出てきつね色に色づいたらいったん取り出す。

3 中強火にしてこんにゃくを入れ、表面が色づくように焼く。残りの面も同様に焼く。唐辛子を加える。

4 万つゆを加え、味をからめる。器に乗せ、ニンニクをトッピングする。

●赤カブとじゃが芋の SOYマヨサラダ

材料

A　すべてサイコロにカット

赤かぶ　2個
じゃがいも　2個
人参　1本

SOYマヨ、塩、コショウ、オリーブ油

作り方

1 厚手の鍋にAを入れ、誘い水、塩、コショウ、オリーブ油をひとたらししてふたをし火にかける。煮立ったら弱火にして野菜がやわらかくなるまで蒸し煮する。水分が残っていたらふたをとって煮飛ばす。

2 SOYマヨを混ぜ入れて味を整える。

● トピナンブールのロースト

材料

菊芋、じゃがいも（食べやすい大きさに切る）
ローズマリー（あれば）　さっと素揚げする
セミドライトマト（あれば）
塩、コショウ、オリーブ油

作り方

1 菊芋とじゃがいもをそれぞれボウルに入れ、塩、コショウ、オリーブ油をまぶす。
2 オーブンペーパーを敷いた天板に広げ、180℃のオーブンで約20分、それぞれにこんがりと焼き色がつき、竹串がすっと通るようになるまで焼く。
3 器に盛り、ローズマリーとセミドライトマトを添える。

●人参しりしりの塩柚子風味

材料

人参（千切り）
柚子果汁
塩柚子（柚子の皮を刻んで、
　柚子果汁とともに塩漬けにし熟成させたもの）

作り方

すべて混ぜ合わせる。

●ほんのりピンク色、
高きび・もちきび入りごはん

材料

A
五分づき米　500cc
高きび　大さじ2
もちきび　大さじ2

えごま、桜の花の塩漬け、塩

作り方

1 Aを洗って圧力鍋に入れ、全体の1.2倍の水（670cc）、塩ひとつまみを入れて炊く。
2 器に盛り、軽く塩抜きした桜の花、えごまを散らす。

●鍋焼きスイートポテト
（グルテンフリー＆ノンシュガー）

材料（南部鉄器のパン焼き鍋1台分）

さつまいもマッシュ　150g
りんごの蒸し煮　1/2個分
ココナッツ油

A　＜ドライ＞　合わせてふるう

米粉　120g
アーモンドパウダー　30g
ベイキングパウダー　小さじ1と1/2

B　＜ウェット＞

なたね油　60cc
豆乳　120cc
塩　小さじ1/4
レモン汁 または 酢　小さじ1

作り方

1 鍋の内側にココナッツ油をまんべんなく塗っておく。
2 Bをボウルに合わせ、泡立て器で混ぜ合わせる。
3 Aのドライを2回に分けて2のウェットに加え、混ぜ合わせる。1回目は泡立て器を使ってダマをなくすように混ぜ合わせ、2回目はゴムベラなどに持ち替えてさっくりと練らないように混ぜるとふんわりとした生地に仕上がります。
4 タミパンに流し入れ、ふたをして弱火で約25～30分、串を刺して生地がつかなくなるまで焼く。

P 42-43

お米でいろいろ

● ライスサラダ

材料

ごはん（玄米ごはんもOK）
好きな豆（ゆでたもの）
ひまわりの種
くるみ（ローストして砕いて）
梅干し（梅肉を粗くたたいて）
トマト（小さなサイコロに切って）
青ジソ（刻んで）
レモン汁（または季節の柑橘汁）
オリーブ油、塩、コショウ

作り方

すべてさっくりと混ぜ合わせる。

● 米粉の鍋焼きブルーベリーケーキ

材料（南部鉄器のパン焼き鍋1台分）

ココナッツ油
ブルーベリー　50g

A　ドライ（合わせてふるう）

米粉　100g
アーモンドパウダー　50g
ベーキングパウダー　小さじ1と1/2

B　ウェット

なたね油　50g
オリゴ糖シロップ　35g
豆乳ヨーグルト　80g
バニラエクストラクト　小さじ1
塩　小さじ1/8

作り方

1. 鍋にココナッツオイルをハケ塗りする。
2. Bをボウルによく混ぜ合わせ、Aを入れてさっくりと混ぜ合わせる。
3. 生地をタミパンに移し入れ、ブルーベリーを乗せる。
4. ふたをし中弱火で5分焼き、その後弱火にして20分ほど、竹串に生地がくっつかなくなるまで焼く。

● マッシュルーム玄米豆乳リゾット

材料（1皿分）

玄米ごはん　100cc
オリーブ油　小さじ2
ニンニク　1/2かけ分（スライス）
玉ねぎ　大さじ1ほど（スライス）
好きなきのこ　ひとつかみ
ベジブロス　50cc
豆乳　50~60cc
塩、コショウ、パセリ

作り方

1. フライパンにオリーブ油をあたため、ニンニク、玉ねぎ、きのこを加え、振り塩をしてじっくり炒める。
2. 玄米ご飯を加え、ほぐしながら1、2分炒める。塩を加える。
3. ベジブロスを加えて煮立たせる。ご飯が水分を吸ったら豆乳を加えてクリーミーに仕上げて火からおろす。
4. 器に盛り、コショウ、パセリをふる。

● こんにゃくミンチと大豆もやしのご飯

材料（4人分）

胚芽米　370cc
もちきび　30cc
こんにゃく　100g

A

淡口しょうゆ　大さじ1
酒　大さじ2
水　380cc
塩　小さじ1/2

B

ごま油　小さじ1
淡口しょうゆ　小さじ2
酒　大さじ1

大豆もやし　100g
油揚げ　1/2枚（みじん切り）
干し椎茸　1枚（もどしてスライス）
人参　30g（5ミリ角の拍子木切り）
ショウガの千切り　小さじ1分
昆布　5センチ角　1片

作り方

1 胚芽米ともちきびは洗ってAとともに鍋に入れる。

2 こんにゃくはフードプロセッサーにかけてミンチ状にする。塩を適宜まぶしてあく抜きした後、湯でさっとすすぎ水切りする。Bのごま油を熱した鍋に入れ、調味料で下味をつける。

3 鍋に大豆もやし以外のすべての材料を加えて火にかけ沸騰させる。もやしを加え、ふたをして弱火で15分炊く。10分蒸らす。
　＊炊飯器で炊いてもOK。

P 46-47
豆

●浸し豆

材料

大豆
万つゆ（または塩、しょうゆ、万能酢、塩麹など
　お好みの味付けで）

作り方

1 大豆は洗って3倍量の水で一晩もどす。

2 歯応えが残る程度に煮てざるにあげる。
　（これだけでポリポリつまみ食いがやめられない美味しさ）

3 万つゆ、または好みの味にマリネする。

●ひじきと大豆の五目煮

材料

ひじき　水で戻し水切り
パプリカ、ピーマン、玉ねぎ、人参
大豆（固ゆで）
万つゆ、なたね油

作り方

1 野菜はすべて食べやすい大きさにカットする。

2 フライパンで野菜を炒め、半分ほど火が通ったらひじきと大豆を入れ、軽く炒める。

3 万つゆを加えて煮汁がほぼなくなるまで煮る。

●浸し豆とじゃがいものサラダ

材料

蒸したじゃがいも、トマト、パプリカ
一口大にカット
浸し豆、バジル、オニオン旨みドレッシング

作り方

すべて混ぜ合わせる。

●野菜と大豆キーマのカレー

材料

カレー、固ゆで大豆、好みの季節野菜、トマト、
固ゆで黒大豆、国産バスマティライス、
ターメリック、塩

作り方

1 玉ねぎの1/3を人参に替えて、美味しいカレーをつくる。（**P151**参照）

2 固ゆで大豆をフードプロセッサーで粗いミンチ（大豆キーマ）にして、茹で汁も加えて煮る。

3 バスマティライスはターメリックと塩ひとつまみを入れて炊く。

4 季節野菜をグリルする。

5 キーマカレーをバスマティライスにかけ、グリル野菜、フレッシュトマト、黒大豆を添える。

●玄米団子と大豆キーマの コンソメスープ

材料

玄米ごはん
玉ねぎ、人参（さいの目にカット）
小松菜（刻む）
塩、コショウ、小麦粉、揚げ油、固ゆで大豆の
　キーマ（上記参照）、ガラムマサラ、ベジブロス

作り方

1 玄米ごはんに塩、コショウを加え、すり鉢でついて一口大の平べったい団子に丸める。小麦粉をつけてこんがり揚げる。

2 鍋に玉ねぎ、人参を中弱火で炒める。

3 野菜がしんなりとしたら、固ゆで大豆の
キーマ、ガラムマサラ（またはカレー
粉）を加えて混ぜる。

4 ベジブロスを加えて、塩で味をととのえて
スープにする。玄米団子と小松菜を加えて
軽く煮る。

●オカヒジキとシャキシャキ
じゃがいものSOYマヨサラダ
黒大豆を散らして

材料

オカヒジキ（茹でて食べやすいサイズにカット）
玉ねぎ（スライス）
じゃがいも（千切り）
SOYマヨ、固ゆで黒大豆

作り方

1 じゃがいもは歯ごたえが残る程度に熱湯
で塩茹でして、冷水で冷ましたあとしっか
り水切りする。

2 黒大豆以外の材料をさっくりと混ぜ合わせ
る。黒大豆をトッピングする。
＊SOYマヨの他、好みのドレッシングでアレン
ジしてみて。

P 50 - 51
麦とお粉の世界

●人参とレーズンの
鍋焼きココナッツケーキ
（グルテンフリー）

材料（南部鉄器のパン焼き鍋1台分）

ココナッツ油　小さじ1（刷毛塗り用）

A ドライ（合わせてふるう）

米粉　70g
アーモンドパウダー　50g
ベーキングソーダ　小さじ1
シナモンパウダー　小さじ1/4
ナツメグパウダー　少々

B ウェット（混ぜ合わせる）

なたね油　60cc
豆乳　30cc
きび砂糖　30cc
塩　小さじ1/4

C ソリッド（ボウルに合わせる）

人参（おろす）　150g
ココナッツフレーク　70g
サルタナレーズン　30g
オレンジジュース　50cc
レモン汁　小さじ1

作り方

1 鍋にココナッツ油をまんべんなく塗っておく。

2 BとCを混ぜ合わせる。

3 Aをさっくりと混ぜ入れる。

4 鍋に生地を流し入れる。

5 ふたをして弱火で約25〜30分、串を刺して
生地がついてこなくなるまで焼く。

6 10分ほど蒸らして生地が落ち着いたら鍋
から取り出す。

●ヨモギのパンケーキ、
小豆あんといちごを添えて

材料（6枚分）

A ドライ（合わせてふるう）

小麦粉　120g
米粉　30g
ベーキングパウダー　小さじ1と1/2

B ウェット（混ぜ合わせる）

なたね油　40cc
オリゴ糖シロップ　30cc
豆乳　150cc
よもぎのペースト＊　大さじ3
塩　ひとつまみ

レモン汁　小さじ1
ココナッツ油、小豆あん、苺

作り方

1 　Aを合わせてふるう。
2 　Bをボウルに合わせ、1のドライの半量を加えて泡立て器で混ぜる。
3 　残りのドライとレモン汁を加え、ヘラでさっくりと混ぜ合わせる。
4 　フライパンを弱火で温め、油(分量外)をひいて生地の1/6量を流し入れる。
5 　中弱火で3分ほど焼き、表面に気泡ができふつふつとしてきたらヘラでひっくり返す。
6 　3分ほど焼き、竹串を刺して生地がついてこなければ完成。残りの生地も同様に焼く。
7 　器にのせ、小豆あんと苺を添える。

☆よもぎペースト:ラクな作り方

1 　春のやわらかいよもぎの葉を摘んで、たっぷりの湯に塩ひとつまみを入れて茹でる。葉っぱがやわらかくなったら水に放ったのちしぼり、軽く刻んでジッパー袋に薄く広げて冷凍する。
2 　使う時には適量取り出してパキパキと砕いてすり鉢に入れ、すりこぎで滑らかになるまでつぶす。

●鍋焼きかぼちゃのスコーン

材料(南部鉄器のパン焼き鍋1台分)

ココナッツ油

A　ドライ(合わせてふるう)

小麦粉　150g
ベーキングパウダー　小さじ1と1/2

B　ウェット

おから　50g
てんさい糖　25g
塩　小さじ1/4
なたね油　60cc
豆乳　大さじ1(調節用)
レモン汁　小さじ1/2
バニラエキストラクト　小さじ1/2

ソリッド

かぼちゃのペースト　100g
　かぼちゃを半分または1/4に切り、ワタを取り除き蒸す。スプーンで身を取り出しマッシュする。
　おいしそうな皮なら一緒に刻み入れてもOK
カランツ　15g

作り方

1 　パン焼き鍋にココナッツ油を塗っておく。
2 　ボウルにBをよく混ぜ合わせる。
3 　ソリッドを混ぜ入れる。
4 　Aをさっくりと混ぜ入れる。カードを使って混ぜる。少々粉っぽくてOK。
5 　生地を8~10等分して軽く丸め、ココナッツ油をまぶしてタミパンに入れる。
6 　フタをし弱火にかけて20~25分、生地の中心に火が通るまで焼く。好みで、最後の5分間は鍋ごとひっくり返して反対側も焼く。
7 　火からおろし、5~10分そのままおいて蒸らす。

●ケークサレ

材料(マフィン6個分)

オリーブ油　大さじ1
塩　小さじ1/2
コーン(缶)

A　ソリッド(小さいサイズにカット)

人参　20g
かぼちゃ　50g
パプリカ　30g
茄子　30g

B　ドライ(合わせてふるう)

米粉　90g
コーンミール　90g
ベーキングパウダー　小さじ1と1/2

C　ウェット(混ぜ合わせる)

なたね油　50cc
豆乳　100cc
メープルシロップ　小さじ1
コーン缶の汁　大さじ1~2(水分調整用)
レモン汁　小さじ1

トッピング

オレガノ・ローズマリー・タイム（あれば）
コショウ、粗塩、オリーブ油　各少々

作り方

1　スキレットにオリーブ油を温め、Aの野菜を
　　入れ振り塩をして5分ほど蒸し煮する。煮
　　崩れしない程度に火が通ったらコーンも加
　　え、残りの塩、コショウで味を整える。火
　　からおろし粗熱をとる。
2　Cをボウルによく混ぜ合わせ、Bを入れさっ
　　くりと混ぜ合わせる。
3　1の野菜の1/2を加え、さっくりと混ぜ合わ
　　せる。
4　マフィン型に生地を流し入れる。
5　残り1/2の野菜とトッピングを乗せ、180℃
　　のオーブンで約18分、竹串に生地がつかな
　　くなるまで焼く。

「塩味のケーキ」という意味のおかずケーキ。
コーンミールが入ってリッチな味わいの生地に。

●いちじくとりんごの クランブルベイク

材料（4-6人分）

りんご　1個（一口大にカット）
レモン汁　小さじ2
いちじく　2個（くし切り）
てんさい糖（好みで）　小さじ1

クランブル

オートミール　50g
くるみ　20g
アーモンド　20g
小麦粉　20g
メープルシロップ　大さじ2
なたね油　大さじ2
塩　少々

作り方

1　クランブルをつくる。オートミールをフードプ
　　ロセッサーに入れ、粗く砕く。残りの材料
　　を加え、小刻みに撹拌しそぼろ状にする。
2　りんごは煮崩れないよう軽く蒸し煮にし、
　　レモン汁をまぶす。

3　いちじくにてんさい糖をまぶす。（好みで）
4　いちじくとりんごを耐熱のココットに入れる。
5　クランブルを乗せ、180℃のオーブンで焼き
　　色がつくまで焼く。

P52-53

雑穀

●チリビーンズのもちきびクリーム オーブンベイク

材料

ふわふわもちきびベシャメル（P53参照）

塩　小さじ2
オリーブ油　小さじ2

A

ニンニク　1片　みじん切り
玉ねぎ　大1個　粗みじん切り
人参　1/4本　いちょう切り
セロリ　1/4本　粗みじん切り
ピーマン　3個　人参と同じサイズにカット
ベイリーフ　1枚

B

ダイストマト（缶　またはフレッシュトマト）　400g
金時豆（茹でたもの）　400g
ひよこ豆（茹でたもの）　200g

チリスパイス　混ぜ合わせる

クミンパウダー　小さじ1
コリアンダーパウダー　小さじ1
パプリカパウダー　小さじ1
タイム　小さじ1/2
オレガノ　小さじ1/2
シラントロ（乾燥コリアンダー葉）　小さじ1/2
レッドチリ　小さじ1/8
コショウ　適宜

＊市販のチリスパイスミックスでもOK

作り方

1　チリビーンズをつくる。厚手の鍋にオリーブ
　　油を温め、Aを入れ、振り塩をしてしんなり
　　とするまで炒める。

2 チリスパイスミックスを入れて軽く炒め、Bを加え、約20分、軽くとろみがつく濃さになるまで煮込む。

3 残りの塩を加えて調味し、火からおろす。

4 耐熱容器にチリビーンズを入れ、もちきびベシャメルをのせる。200℃のオーブンで約10分、軽く焼き色がつくまで焼く。

●ひじきマリネとハト麦のサラダ

材料（4人分）
ひじきマリネ

長ひじき　50g
ニンニク　1片　みじん切り
オリーブ油　大さじ1と1/2
しょうゆ　大さじ3
梅酢　大さじ2

玉ねぎ　1/4個　薄くスライス
ハト麦（炊いたもの＊）　50cc
クコの実　大さじ1
きゅうり　1本　スライス

作り方

1 ひじきは軽く洗って水につけてもどす。ざるにあげ、長ければ食べやすく切る。

2 フライパンに油をあたため、ニンニクを入れる。香りが出たらひじきを入れ、磯の匂いがとぶまで中～強火で炒める。しょうゆと梅酢を加えて混ぜたら火からおろし、粗熱をとる。

3 ハト麦と残りの野菜と混ぜ合わせる。

＊ハト麦のむちっと美味しい炊きかた
ハト麦200ccは洗って水気をきる。240ccの水とともに圧力鍋に入れて火にかけ、圧がかかったら弱火にして20分炊き、10分蒸らす。冷まして小分け冷凍しておくと便利です。

P60

●お花畑の人参ちらし弁当

材料（4人分）
◆ 酢ばす

レンコン　1節
甘酢、酢

作り方

1 蓮根は端を切り落とす。

2 酢を少々入れた湯で中心に火が通るまで数分ゆでる。

3 花形に飾り切りし、5ミリほどの厚さにスライスする。甘酢に浸して半日置く。

◆ 玄米酢飯

玄米　500cc
水　600cc
塩　ひとつまみ
梅酢　大さじ2

作り方

1 圧力鍋で玄米ご飯を炊く。

2 梅酢を混ぜ入れて酢飯にする。

◆ 人参そぼろ

人参（皮をむいたもの）　250g　一口大にカット
塩　小さじ2/3
みりん　大さじ2

作り方

1 人参はフードプロセッサーにかけてみじん切りにする。ボウルに人参と塩を合わせ水分が出るまで20分ほどおく。

2 鍋に入れて火にかける。水分がとび、甘い香りがするまで時折かき混ぜながら炒める。（この方法をウォーターソテーと言います。蒸し煮にしてもOK）

3 みりんを加えて味をととのえる。

4 水分がとんだら フタをして火からおろす。ふっくらと余熱が入るように5分ほど蒸らす。

149

◆ 菜の花のおひたし

菜の花
万つゆ
塩
すべて適量

作り方

菜の花はゆでてしぼった後、少量の万つゆを
まぶす。

◆ ふきのとうの天ぷら

ふきのとう　4個
小麦粉、揚げ油

作り方

さっと洗って、小麦粉をまぶして揚げる。

◆ 筍と椎茸の南蛮

筍　4切れ
椎茸　4枚
パプリカ　一口大　4切れ
きくらげ　4枚
片栗粉、揚げ油、南蛮酢　適量

作り方

1　椎茸はさっと水にくぐらせて片栗粉をまぶ
　　して揚げる。ゆで筍も同様に。
2　パプリカは素揚げする。きくらげはもどし
　　て湯通しする。
3　熱いうちに南蛮酢をからめる。

◆ その他トッピング

桜の花の塩漬け　軽く塩抜きする
グリーンピース（茹でたもの）
いり胡麻

最後の盛り付け

1　お弁当箱に玄米ご飯、筍と椎茸の南蛮を
　　入れる。
2　ご飯の上に人参そぼろをふんわりと広げ
　　乗せる。
3　残りの具材を、お花畑を描くように人参そ
　　ぼろの上に盛りつける。

P71

● やさしい野菜のカレー

材料（4人分）

玉ねぎ　大1個（みじん切り）
ベイリーフ　1枚
なたね油　大さじ3
GGP　小さじ2
カレー粉　大さじ山盛り1
トマト水煮缶（ダイスカット）　200cc
ガラムマサラ（好みで）　小さじ1
塩　小さじ1と1/2

A　すべて一口大にカット

じゃがいも　中2個
カブ　1、2個
人参　1/2本
きのこ　ふたつかみ

作り方

1　厚手の鍋に油を温め、玉ねぎとベイリーフ
　　を入れて、振り塩をし炒める。
2　玉ねぎが黄金色になったらGGP、カレー
　　粉を入れて1-2分、スパイスの香りを引き
　　出しながら玉ねぎとなじませる。
3　トマトを加え、中火にしてかき混ぜながら
　　半分くらいまで煮詰める。
4　Aの野菜とひたひたの水を加える。フタを
　　して中弱火で煮込む。焦げないように時折
　　鍋底から大きくかき混ぜる。
5　ある程度火が通ったら塩とガラムマサラを
　　入れて味を整える。野菜がやわらかくなっ
　　て、味がなじんだら火からおろす。

P72

● レンズ豆のダール

材料（4人分）

なたね油　大さじ1
GGP　小さじ2
カレー粉　大さじ1
　（または　クミンパウダー・コリアンダーパウダー
　　各小さじ1強　チリパウダー少々）
トマト（缶・ダイスカット）　150cc
カスリメティ　小さじ2
塩・ガラムマサラ　適宜

A

赤レンズ豆　300cc 洗って水切り
塩　ひとつまみ
ターメリックパウダー　小さじ1/2

B

玉ねぎ　1/2個 みじん切り
ベイリーフ　1枚
シナモンスティック　1片

テンバリング

なたね油　大さじ1
赤唐辛子　1/2本
フェヌグリークシード、フェンネルシード　ひとつまみ
クミンシード、コリアンダーシード　各小さじ1/2

作り方

1　Aを鍋にすべて合わせ、3倍量の水とともに
　火にかける。途中アクをすくい、水が足り
　なければ差し水をしてやわらかくなるまで
　20分ほど煮る。火からおろす。
2　鍋に油を温め、Bを加え、振り塩をして玉ね
　ぎが色づき、油と分離するまで炒める。
3　GGPとカレー粉を加え、軽く炒める。
4　トマトを加え軽く煮詰めたら、レンズ豆を
　加え軽く煮て味を整える。
5　カスリメティ・ガラムマサラを加え、火から
　おろす。
6　テンバリングの油を小鍋に温め、フェヌグ
　リークシードを入れる。軽く色づいたら残
　りのスパイスも入れ、色づき香りが出たら
　ダールの鍋にジュッと加える。
　＊テンバリングの代わりに、食べるインドラー
　油をかけてもOK！

P73
● 食べるインドラー油（辛ウマグッズ）

材料

なたね油　60cc
フェヌグリークシード　小さじ1/8
ニンニク（みじん切り）　大さじ1
赤唐辛子（輪切り）　3〜5本
ブラウンマスタードシード　小さじ1
クミンシード　小さじ1
コリアンダーシード　小さじ2

作り方

1　フェヌグリークとニンニクと油を合わせて
　弱火にかける。
2　ニンニクが色づき始めたら、残りのスパイ
　スを加える。
3　香りが立ちニンニクがきつね色になったら
　火からおろす

P92
● 野菜とキヌアのスープ

材料（4人分）

キヌア　大さじ3　洗って水切り
ベジブロス（または水）　1000cc
オリーブ油、塩、コショウ

A

ニンニク　1片 みじん切り
ベイリーフ　1枚

B　1.5センチ角にカット

玉ねぎ　1/2個
人参　1/4本
セロリ　1/4本
パプリカ　1/4個
じゃがいも　1個
トマト　中1個
しめじ　ひとつかみ（もどす）

作り方

1　鍋に油を温め、Aを入れて香りを出す。
2　Bの野菜を加え、振り塩をして野菜がしん
　なりとするまで中弱火でじっくり炒める。
　（ふたをして蒸し煮にしてもOK）
3　キヌアとベジブロスを加えて火を強め、煮
　立ったら弱火にしてふたをし、材料に火が
　通るまで煮る。
4　塩、コショウで味を整える。

151

P99

●ベジモモ

材料（約20個分）

モモの皮
小麦粉　200g
熱湯　150cc
打ち粉用の小麦粉　適宜

キーマ（あん）
なたね油　大さじ1
カレー粉　小さじ1
　（またはクミンパウダー　小さじ1/4、
　コリアンダーパウダー　小さじ1/4、
　ターメリック　小さじ1/8、
　ガラムマサラ　小さじ1/2）

A
好みの野菜のみじん切り　合わせて360g
　例）白菜 180g・玉ねぎ 45g・人参 45g
　干し椎茸 30g（キャベツ、カリフラワー etc、
　冷蔵庫にあるお野菜を組み合わせてみましょう!）
塩　小さじ1強

B
マッシュルーム
　（または好みのきのこ）　60g（みじん切り）
油揚げ　120g（みじん切り）
ショウガ　みじん切り 小さじ2

作り方

1　モモの皮をつくる。ボウルに小麦粉を入れ、真ん中にくぼみをつくる。くぼみに熱湯を入れたら丈夫な箸4本を使って中心から外側に向かって手早くかき混ぜ、ざっくりとまとめる。麺台の上に移し、なめらかな生地になるまでこねる。ボウルにもどし、乾かないように密閉して30分ほど寝かせ、生地を落ち着かせる。

2　キーマ（あん）をつくる。Aの野菜を塩とともにボウルに合わせて20分ほどおく。しんなりしてきたら晒（さらし）に包み水気をしぼる。（戻し汁は煮てアクを取ったあとベジブロスとしても使えます）

3　2のキーマとBをボウルに混ぜ合わせる。

4　小鍋に油を温め、カレー粉を入れる（テンパリング）。ジュワッと泡立ったらすぐに3のボウルに移し入れ、混ぜ合わせる。生で食べても美味しいくらいの味にととのえたら、あんの出来上がり。

5　1の生地を20等分して、餃子の皮のサイズの薄い円形に伸ばす。小麦粉をはたくとくっつきにくい。

6　3のキーマを約大さじ1ずつとり、皮で包む。

7　なたね油（分量外）を塗った蒸し器に並べ、火が通るまで約8分蒸す。

8　胡麻とトマトのチャツネをつけていただく。

● トマトと胡麻のチャツネ

材料

トマト水煮缶（ダイス）　200cc
なたね油　大さじ1
塩　小さじ1強
レモン汁　小さじ1（好みで加減する）
砂糖（好みで）　小さじ1
すり胡麻　20g

A
フェヌグリークシード　小さじ1/4
花椒（ホワジャオ）　小さじ1/4
クミンシード　小さじ1/2
赤唐辛子　1本（好みで加減する）
ニンニクのみじん切り　小さじ1

作り方

1　鍋に油をあたため、Aを順に入れて弱火でテンパリングする。

2　スパイスが色付いてよい香りがしたら、トマトを加える（はねるので注意）。

3　煮立ったら 3/4ほどの量になるまで煮詰める。水70ccを加え、煮立たせる。

4　火からおろし粗熱をとる。ミキサーにかけてピュレにする。

5　すり胡麻を加え、塩、好みでレモン汁と砂糖を加えて、味を整える。

P 101

●椎茸もちきびおからファルシの パン粉揚げ

材料

椎茸
なたね油、塩、コショウ、ケチャップ、しょうゆ、
小麦粉、パン粉
玉ねぎ（みじん切り）
人参（みじん切り）
おから
やわらかく炊いたもちきび

作り方

1 椎茸は石づきを切り取り、軸は切り離して刻む。笠の表面には軽く十文字の隠し包丁を入れる。

2 もちきびあんを作る。フライパンに油を温め、玉ねぎ、人参、椎茸の軸を炒める。塩、コショウをし、隠し味にケチャップ・しょうゆ少々で下味をつけて火から下ろす。

3 おからともちきびを加え混ぜ、ふんわりとした生地にして、塩で味を整える。

4 椎茸の笠の中にもちきびあんをこんもりと詰める。

5 小麦粉→水溶き粉→パン粉の順にくぐらせ、中温の油で色よく揚げる。

P 114

●レモンコリアンダースープ

材料（4人分）

なたね油　大さじ1

A

ニンニクのみじん切り　小さじ1と1/2
ショウガのみじん切り　小さじ1と1/2
コリアンダーの根と根元　1本分
つぶしてみじん切り

好みの野菜のみじん切り　250~300cc
（大根・玉ねぎ・長ネギ・人参・キャベツ・白菜・セロリ・
カブ・カリフラワー、きのこなど、3-5種類）

水 または ベジブロス　600cc
片栗粉　小さじ2（倍量の水で溶く）
コリアンダーの葉、塩、コショウ、レモン汁

作り方

1 鍋になたね油をあたため、Aを弱火でじっくりと炒めて香りを出す。

2 野菜を加えて炒め、振り塩をしてしんなりとするまで炒める。

3 水またはベジブロスを加えて火を強める。煮立ったら火を弱めやわらかくなるまで煮る。

4 水溶き片栗粉を溶き入れて、とろみをつける。

5 塩コショウで味をととのえ、コリアンダーの葉をちらし、火からおろす。

6 器に入れ、レモン汁をしぼっていただく。

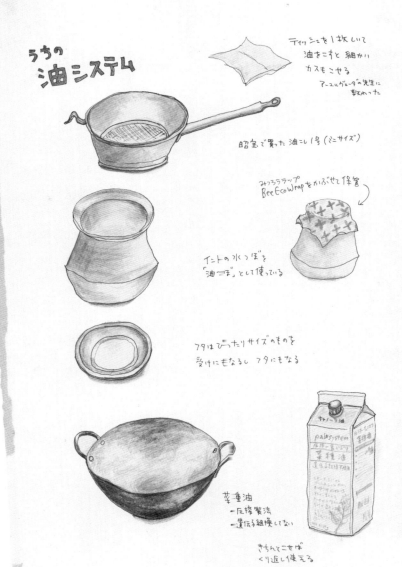

料理索引

あ

青山椒と切り干し大根の佃煮 ……………… 35
赤カブとじゃが芋のSOYマヨサラダ …… 37, 140
赤ピーマンのコンフィ バジルの穂の香り ·· 34, 140
揚げ浸し ……………………………………… 26
アケビのフリット ……………………… 32, 139
小豆玄米ごはん ………………………… 30, 136
厚揚げと間引き人参葉の塩麹味噌 ……… 34, 139
圧力鍋 ………………………… 34, 41, 88, 107
アボガド·コーン·トマトの豆乳ヨーグルトサラダ
………………………………………… 25, 131
甘酒 ………………………… 106, 107, 108
甘酒から作る塩麹 …………………………… 107
甘酢 …………………………………………… 56
無花果と柿の白和え …………………… 31, 137
いちじくとりんごのクランブルベイク …… 51, 148
梅酢 ……………………………… 32, 56, 59
梅干し ………………………………………… 103
エクスタシードレッシング …………………… 58
オカヒジキとシャキシャキじゃがいもの
　SOYマヨサラダ　黒大豆を散らして …… 47, 146
オニオン旨みドレッシング …………………… 59
お花畑の人参ちらし弁当 ……………… 60, 149

か

カスリメティ …………………………………… 73
固豆腐とたたききゅうりの塩糀和え …… 28, 134
かぼちゃ …………… 28, 29, 30, 33, 35, 51, 89, 116
かぼちゃのきのこ葛あん ……………… 30, 136
かぼちゃのグリル ……………………… 35, 140
かぼちゃのマッシュ …………………… 29, 135
鍋焼きかぼちゃのスコーン ………………… 51
かぼちゃのSOYマヨサラダ ………………… 33
かぼちゃの鍋焼きケーキ …………………… 89
ガラムマサラ ………………… 36, 47, 72, 73, 74
カレー ………… 23, 47, 70, 71, 72, 73, 93, 104, 109
カレー粉 ……………………… 70, 71, 72, 109
菊芋 ……………………………… 36, 103, 104

キヌア ……………………………… 22, 27, 52
きのこ …………… 13, 30, 35, 66, 79, 116
グルテンフリー ……………… 37, 42, 50, 51
車麩の照焼き ……………………… 33, 137
クルミのほろ苦ドレッシング …………… 24, 132
クルミ味噌 ………………………………… 110
ケークサレ ……………………… 51, 147
玄米団子と大豆キーマのコンソメスープ … 47, 145
香味酢 ………………………………… 56
ゴーヤ ………………………………… 54, 115
コールスローサラダ ……………………… 87
五穀豊穣ミニバーグ ……………… 26, 132
五穀豊穣のベジミートローフ ……………… 68
五色大豆のなんばん酢 …………… 24, 132
古代小麦クラストのアップルパイ ……… 31, 136
呉豆腐のデザート仕立て …………… 27, 134
ご飯の炊き方 ……………………………… 41
米粉の鍋焼きブルーベリーケーキ …… 42, 144
五目炊込ごはん ………………… 32, 138
コリアンダー ………………… 35, 70, 72, 73, 116
こんにゃく ………………… 30, 36, 43, 63
こんにゃくステーキ ……………………… 63
こんにゃくの唐揚げ ……………………… 30
こんにゃくの和風A.O.P ……………… 36, 142
こんにゃくミンチと大豆もやしの炊き込みごはん
………………………………………… 43, 144

さ

雑穀 ………………… 24, 27, 52, 53, 66, 71
雑穀ごはん ………………… 24, 27, 53, 71
サラダ ……… 22, 23, 25, 37, 43, 46, 53, 58, 85, 96
椎茸ともちきびのガーリックしょうゆ炒め
………………………………………… 29, 135
椎茸もちきびおからファルシのパン粉揚げ
………………………………………… 101, 153
ジェノベーゼ ………………… 26, 28, 73
塩麹 ……… 28, 30, 33, 34, 37, 69, 102, 106, 109
塩麹カレーペースト ……………………… 109
塩麹ネギ味噌 ……………………… 37, 142

塩柚子	37	高きび	25, 34, 36, 52, 66, 68
自家菜園の枝豆とドライトマトのおからSOYマヨ		高きび、もちきび入りごはん	36
	35, 140	高きびカシューボール	25, 131
シソジェノベーゼ	26, 134	高きびローフ	34, 139
じゃがいも		出汁のとり方	111
22, 23, 24, 26, 30, 35, 37, 46, 47, 86, 116		食べるインドラー油	73, 151
じゃがいもと赤レンズ豆のカレー風味コロッケ		チリスパイス	149
	22, 23, 129	チリビーンズのもちきびクリームオーブンベイク
じゃがいものサラダ	46		53, 148
じゃがいもの蒸し焼き、シソジェノベーゼ		つくしのさっと煮	22, 129
	26, 133	鉄鍋で蒸し焼きにしたさつまいも	34, 139
じゅうろくささげとカウピー入りの玄米ごはん		照り焼きだれ	33
	34	テンパリング	71, 73
しょうゆ麹	102, 106	天ぷら（フリット）	100
植物の動物化	64, 66	冬瓜のポタージュ	29, 135
白和え	22	豆乳	29, 33, 42, 53, 56, 73, 74, 79, 102, 125
ジンジャーガーリックペースト（GGP）	73, 74	豆乳チャイ	74
新大豆のナゲット マサラ味	36, 141	豆乳ヨーグルト	73
スープ	33, 35, 47, 48, 86, 92, 93, 114, 116	豆腐	27, 28, 31, 37
スュエ	93	トピナンブール（菊芋）	36, 103
セミドライトマト	35	トピナンブールのロースト	36, 143
せりごはん	22, 129	トマト	25, 35, 43, 56, 61, 68, 71, 99, 116
SOYマヨ	27, 35, 37, 56	トマトソース	26
SOYミート	68	トマトと胡麻のチャツネ	99, 152
そうめんかぼちゃのSOYマヨ	27, 133	ドレッシング	23, 24, 27, 56, 58
そうめんかぼちゃ	27, 30		
そうめんかぼちゃとじゃがいもの			
ガーリックSOYマヨ	30		
そば粉のロティ	50		

た

大根	22, 26, 27, 37, 105, 116, 125
大根のアラビアータ	22, 130
大根の皮と人参のきんぴら	37, 142
大根間引き菜の炒め煮	26, 133
大豆	
27, 40, 45, 46, 47, 49, 66, 67, 108, 110, 112	
大豆浸し豆	47
大豆味噌	110

な

長ネギ	24, 35
長ネギとじゃがいものスープ	35, 140
長葱と冬越しじゃがいものポタージュ	24, 131
茄子	26, 28, 31, 33, 96
茄子の味噌炒め	31, 136
夏野菜の揚げ浸し、	
青ジソ＆ショウガの薬味たっぷりで	26, 132
菜の花・大根・油揚の味噌汁	22, 129
鍋焼き	37, 42, 51, 68, 89
鍋焼きかぼちゃのスコーン	51, 147
鍋焼きケーキ	89
鍋焼きスイートポテト	37, 143

なんでもないドレッシング …………… **58**
南蛮酢 ……………………………………… **56**
南部鉄器のパン焼き鍋 ………… **51, 68, 88**
2種の茄子のグリル ………………… **28, 134**
人参 ……………………………… **25, 27, 29**
　32, 34, 37, 25, 37, 51, 60, 68, 101, 104, 114, 116
人参オニオンドレッシング ………… **27, 133**
人参しりしりの塩柚子風味 ………… **37, 143**
人参ソース ………………………… **34, 139**
人参とレーズンの鍋焼きココナッツケーキ
　………………………………………… **51, 146**
人参葉のかき揚げ ……………………… **101**
人参ラペwith甘夏 ………………… **25, 132**
ぬか漬け ………… **36, 102, 103, 104, 105**
のらぼう菜の胡麻よごし ……………… **25**

は

パクチー ……………………… **73, 114, 116**
パクチーグリーンペースト …………… **73**
バジルのスパゲッティ ……………… **28, 134**
畑のケールとレタス、キヌア、新玉ねぎのサラダ
　さっぱり梅酢ドレッシング ………… **22, 23, 130**
はったいこ ………………………………… **50**
パプリカの塩糀炒め ………………… **33, 138**
万つゆ …………………… **46, 56, 57, 69**
万能酢 ……………………………………… **56**
ビーツのマリネ ………………………… **61**
ひじきと大豆の五目煮 ……………… **46, 145**
ひじきマリネとハト麦のサラダ ……… **53, 149**
浸し豆 ……………………………… **47, 145**
ひよこ豆 ……………………………… **111, 112**
フェヌグリーク ………………… **70, 72, 73**
フライ ……………………………… **100, 101**
振り塩 ………………… **55, 68, 93, 95, 96**
ふろふき大根＿塩糀ネギ味噌 ……… **37, 142**
ふわふわもちきびベシャメル ………… **53**
ベジバーガー …………………………… **69**
ベジブロス ……………………………… **116**
ベジモモ …………………………… **99, 152**

ベシャメル ……………………… **53, 138**
ベシャメルの素 ………………………… **33**
ヘンプ …………………………………… **26**

ま

舞茸のグリル …………………… **25, 131**
魔女ティ ………………………………… **76**
マッシュルーム …………… **33, 42, 59, 68**
マッシュルームクリームスープ ……… **33, 138**
マッシュルーム玄米豆乳リゾット ……… **42, 144**
マッシュルームのサラダ ……………… **59**
豆 ……… **12, 34, 40, 43, 44, 45, 46, 48, 49, 88**
マリネ ……………………………… **35, 53**
味噌汁 ……………… **22, 41, 47, 56, 111**
蒸し茄子のショウガしょうゆ ………… **98**
蒸し煮 ……………………………… **37, 88, 94**
蒸し焼き ………………… **35, 94, 95, 96**
紫玉ねぎ甘酢漬 ……………………… **73**
もちきび ………………… **37, 53, 101, 135**
もちきびTOFUクリームキッシュ ……… **37, 141**

や

ヤーコン ……………………… **103, 125**
焼ききのこと長ネギの和風マリネ …… **35, 139**
野菜とキヌアのスープ ……………… **92, 93, 151**
野菜と大豆キーマカレー …………… **47, 145**
やさしい野菜のカレー ……………… **71, 150**
ヤブカンゾウの白和え ……………… **22, 130**
ヨモギ ……………………………… **51, 77**
ヨモギのパンケーキ ………………… **51, 146**

ら

ライスサラダ …………………… **43, 144**
ラタトゥイユ ……………………………… **93**
レモンコリアンダースープ ………… **114, 153**
レンコン ………………………………… **114**
レンズ豆のダール ………………… **72, 150**

あとがき

なないろごはん。

タイトルが決まったとき、「植物料理」から広がる多様性と調和の世界を表したこの本の内容にぴったりだと思いました。2017年に都内から田舎に移住し、山の麓の集落で始めた古民家カフェの名前も、なないろごはんです。カフェは、交流や学びの場として、手仕事作家の表現の場として、またシェアカフェのようなこともやっていて、まさになないろに光る個性が集います。20数年の料理活動の中で私が紡いできたものが、本書『なないろごはん』。カフェの名前と同じなのは、嬉しいリンクです。

そもそものきっかけはモレスキンノートでした。2010年辺りから、この黒い革のような表紙のシンプルなノートに、料理や植物を絵日記のように記録するようになりました。ノートはたまっていき、描いていたものが一部印刷物になり、ある年の元旦、それをたまたま目にした芸術新聞社の今井さんとの出会いから、この本が生まれました。長年、気ままに描きためてきたノートの中身が一つの読み物へと結晶化していく過程は、制作チームの気の遠くなるような細やかな作業の積み重ねでありました。今井さん、そしてデザイナーの神子澤さんと三位一体となり、日夜遠隔で口角泡を飛ばしながらのやりとり。当初、呑気に構えていた私にとっても手応え感半端ならぬチャレンジとなりました。

自然の懐深くおおらかなつながりの中に食を見つめて、自分らしい料理をする楽しさ。読者の内側で眠っていたそんな動物的な感覚が触発される本になることを、私は意図しています。家庭であろうと店であろうと、料理をする人は皆、料理家です。場を問わず、サステナブルに日本の食を耕す料理家たちが生まれることをイメージして——。そうして書いた料理指南書は、正しいとか、正解があるものではありません。私は、自然食やマクロビオティックに飽き足らず、各分野の諸先輩方の料理や様々な料理書に触れ学んできました。また自然に親しむ中でたくさんのことを教わってきました。そうしてインスピレーションを受け取ったその先は、私の独自の表現であり責任となります。実際、偏愛っぷりが満載です。だから、本書に書かれていることを正しさの料理としてではなく、一料理家の今現在の世界観として読んでみてください。そこに何か、パチンとスパークする一瞬があったなら、それがこの本の願いの成就を意味します。YOSHIVEGGIE（ヨシベジ）という私の活動名に込められた意図はそこにあります。人それぞれ千差万別に植物料理の表現や考え方の違いがある、そこが面白い！　ゲストシェフたちと接する中でも感じることです。ヨシが作るからヨシベジ。唯一無二のいろ

んなベジが生まれ、カラフルに、なないろに花開いていくきっかけにとこの本はきっと、なってくれるでしょう。

この本には欲張ってたくさんのイラストや言葉を散りばめたので、読むたびにまた新たな発見や出会いがあると思います。パッと開いて、今日必要なメッセージは何かな、とオラクルカードのように使っていただくのもおすすめです。読んだ後、ワクワクが勝手に始まっていく、そんな自発作用をお楽しみください。

今回、この『なないろごはん』を出版することができたのは、多くの皆さまのおかげです。モレスキンの料理ノートをまとめた本をずっと待ち望んでいてくれていたヨシベジファンの皆さま。植物料理の活動を支えてくれたかつての仲間たち。古民家カフェ「なないろごはん」を創った丸さん、そしてカフェを支える仲間たち。個性豊かな表現者であるゲストシェフの皆、変わり者の移住者の試行錯誤を温かく見守ってくださる埼玉秩父横瀬地域の方々──。また、大陸インドのエッセンスが本書のあちこちに登場するのは、スパイスの水先案内人Vishal Jalan氏はじめ、現地でお世話になった方々のおかげです。Many many thanks!
とても全員を列挙することはできませんが、この場をお借りして皆さまに御礼を申し上げたいと思います。

本書の制作は私にとって時間的肉体的な挑戦であった反面、最高に贅沢な没頭でもありました。日の出を迎える時間、飼っているうさぎのピーターを庭先で遊ばせながら、まずは温かなチャイを飲み、山と太陽と土と身体に拝んでから始める執筆と制作。煮詰まってくると草を刈り、野菜を収穫し、庭の草たちをモデルにモレスキンに絵を描く。日差しがいい加減痛くなってくると部屋に避難して続きを。気分転換に台所に立ち、料理を思いつくままに。暮らしのささやかな営みが全て本作りに映り込んでいきました。私を取り巻く自然界、植物界と共に作ったという実感のある、そんな本です。その一体感を一緒に感じていただけたなら幸いです。

植物料理研究家　YOSHIVEGGIE（ヨシベジ）

今里佳子

2024年7月

なないろごはん

2024年9月1日　初版第1刷発行

著者	YOSHIVEGGIE（ヨシベジ）

発行者	相澤正夫
発行所	芸術新聞社

〒101-0052
東京都千代田区神田小川町2-3-12 神田小川町ビル
TEL　03-5280-9081（販売課）
FAX　03-5280-9088
URL　http://www.gei-shin.co.jp

印刷・製本	サンニチ印刷
デザイン	神子澤知弓
写真協力	今里佳子／大野朋美（ポートレート）
協力	Café & Atelier なないろごはん／丸山紡生
編集	今井祐子

©Yoshiko Imazato, 2024 Printed in Japan
ISBN978-4-87586-707-4 C0077

乱丁・落丁はお取り替えいたします。
本書の内容を無断で複写・転載することは著作権法上の例外を除き、禁じられています。